Philippe GAZZERA

TROUVER SA LIBERTÉ HARMONIQUE

(En se connaissant Soi)

Sommaire

Introduction

Explorer les domaines du «*Soi*» nécessite une raison valable, comme une urgence, le pourquoi, est qu'il y a l'urgence. L'existence humaine nous immerge dans la vie, nous sommes cette communauté d'êtres pensants et agissants. Nous comprenons grâce à l'observation, agités par les passions et l'intelligence créatrice, ainsi que d'autres forces. Et si cette incroyable unicité et diversité entre chaque être que nous sommes, varient selon certains critères, nous avons par contre tous cet incontournable ; celui de nous projeter à un moment ou à un autre dans ce que représente la société. Faire face aux réalités qui nous entourent est un challenge pour l'esprit. Nous nous frayons un passage avec comme bagages ce que nous sommes, additionnés des connaissances qui sont les nôtres, acquises et comprises. Mais chaque jour amène son lot de joies et de blessures, alors à certains moments de notre vie, nous pouvons perdre le sourire.

Je souhaite partager dans ce livre, des observations. Accumulées au fils des années dans mon parcours et dans mes rencontres, elles ont fini par donner un sens, une image au puzzle. C'est vrai, j'ai bien longtemps hésité avant d'écrire, et encore autant avant de me lancer, d'éditer. Mais ce puzzle vaut un sourire, et je souhaite partager à quel point le silence intérieur est une énergie. L'énergie d'une conscience qui tend vers cette liberté harmonique.

Il n'existe pas à ma connaissance un pansement ou un bandeau pour cacher quelques réalités que ce soit, de nous, de ce monde ou d'un autre. Pourtant, dans ce tout, qui exerce sa pression réelle, physique et psychique, il y a ce qui représente la réalité vraie, le «vivant». Alors encore une fois quelque chose fait appel à notre observation. Cette observation dont nous sommes porteurs depuis notre premier souffle de vie est déjà notre clef et je vous propose d'utiliser votre clef pour votre voyage intérieur.

Chapitre 1

Prendre sa place dans le trafic.

Je suis souvent arrivé à faire avancer les idées qui me tiennent à cœur. Je sais que je n'y suis pas arrivé tout seul, mais je sais aussi que j'ai tracté, tiré, pesté, poussé, forcé pour y arriver. Bien sûr j'ai eu de bons résultats cela est ce que le travail amène normalement. Mais toutes ces années mon corps me parlait, et voilà... Je ne comprenais pas son langage. Encore aurait il fallut que l'on m'explique qu'un corps s'exprime et que lorsqu'il s'exprime, son message indique quelques disharmonies, et qu'il est alors urgent de se mettre en quête de la compréhension de notre nature. Encore aurait-il fallu que je sois ouvert à quelques enseignements de ce genre. Alors c'est vrai..., il serait faux de dire que ce n'était pas le cas, car avec du recul, je dirais plus justement que ce n'était pas mon moment ! Il faut admettre que la culture de l'époque de mes jeunes années, n'était malheureusement pas plus propice à cet enseignement, qu'elle ne l'est aujourd'hui pour bon nombre d'entre nous.

Le constat qui pousse à l'émanation.

Je ne peux donc pas dire que les choses ont bien changées vues de l'extérieur, car l'agitation humaine est plus frénétique que jamais. Seulement à l'intérieur, où personne ne voit, c'est là que les choses se produisent et contrairement à la première partie de ma vie où la fougue et la volonté de répondre à mes désirs me portaient, cette fois le mécanisme était différent. La force des choses, ou les choses fortes ! La nature subtile des évènements, le voyage, la curiosité et les rencontres m'ont amené à revoir mes concepts, à regarder d'une nouvelle manière le monde qui m'entoure et celui qui m'habite. Bien évidemment, cette deuxième partie de ma vie découle de la première ! Et faute d'enseignement culturel, c'est bien le temps qui a fait sa part...

Toutefois, l'enseignement, utile et fondamental à l'épanouissement et à l'autonomie de tout un chacun, nous apprend bien sûr à maîtriser de nombreuses matières. Pour faire un jeu de mot je dirais que « *la matière a ses limites* » et au-delà de la matière, rien n'est jamais enseigné dans le monde occidental par la voie laïque. Pourtant, de nombreuses études scientifiques et sérieuses, ont de quoi enrichir notre savoir mais restent snobées, ou renvoyées au domaine ésotérique en laissant la place à d'autres structures. Les sujets de discussions liés à la conscience et à la compréhension de Soi, ne sont pas abordés et souvent tabou. Et alors que la matière ne représente qu'une infime partie de l'univers et que le vide une immense[1], l'éducation limite son enseignement aux matières classiques fort utiles mais vides d'une réalité fondamentale. C'est pourtant une meilleure compréhension de ces domaines inexplorés qui m'a mis sur la voie, et poussé par la curiosité, m'a amené sur de nombreux chemins de découverte qui méritent absolument une place. Celle-ci devrait être dès le plus jeune âges. L'école et la télévision seraient de très bons vecteurs de cette vérité profonde. Mais pour ma part, le seul moyen d'y parvenir a nécessité de sortir de ce que la société nous impose. J'ai dû me dissocier de l'information médiatique, me poser les bonnes questions sur la notion de l'existence et appréhender autrement ce qu'est la raison d'être. Je sentais donc que mon corps me parlait, alors en tant que jeune homme, pas de problème ! On ne s'arrête pas à de petits bobos et mon cerveau suivait son chemin. Mais en prenant de l'âge, les problèmes physiques sont plus lourds à porter et je me questionnais sur leurs origines. D'accord, un rhume, un microbe peuvent se transmettre, une trop grande fatigue fait baisser notre système immunitaire et bingo ! Voilà le nez qui coule ! Alors, pour cela, pas de doute. Mais la question est sur l'autre domaine, que doit-on penser des mots physiques qui ne viennent pas de causes réelles ? Je veux dire, ceux ou la logique n'est pas évidente et là où les explications de la médecine ne nous font pas vraiment éco. Pour ma part, mal de cou, mal de dos, du genou et quelques autres problèmes comme allergies qui viennent puis qui disparaissent comme elles sont venues, idem pour un ulcère et etc., mais tout cela sans causes apparentes… Sans cause apparente effectivement,

---

1 *Nassim HARAMEIN*

pourtant la non apparence de ces banalités vont changer ma vie et ma santé.

Entrevoir la source de la « vibration ».

Alors c'est donc sur ce carrefour, un peu seul, voire tout seul ! Je ne parle pas de la solitude sans famille ni amis bien sûr, mais seul au sens que justement, certaines réponses n'existent pas si on les cherche au dehors de Soi. Les choses ne semblent pas être aussi simples et ce que je comprends, c'est qu'à un certain niveau, les appuis conventionnels ne peuvent pas répondre à ce qui cri, qui étouffe en nous. Ce cri en nous est une forme d'expression ressentie aussi bien par le corps que par l'état mental. Il est une énergie que l'on a sclérosée par erreur, dû à la force des choses. Alors une énergie puissante doit intervenir et prendre place. Cette énergie émane de ce que nous pouvons appeler l'espace intérieur, le silence ou une « *vibration* » intérieure en accord. Elle prend sa source là où pour le moment on n'y comprend pas grand-chose ! Mais entendons déjà qu'elle doit être validée par une autre partie de nous, non physique et qui a mal. Nous allons développer tout cela, mais je dis qu'il est important de prendre conscience que le manque de compréhension ou l'ignorance de ce fait, nous conduit vers une distorsion toujours plus dense. A la source même, il n'est pas dans les projets de transformer notre « *vibration* » en quelque chose d'autre, sans pouvoir s'en rendre compte à un moment, à un point de rendez-vous de l'existence. Je comprends qu'il faut s'appuyer sur ce point de départ. La « *vibration* » intérieure ne peut pas nous tromper quant à sa position, ici en nous, à la fois maintenant et hors du temps. Elle s'est déjà produite chez chacun d'entre nous, c'est juste que certains comme moi d'ailleurs, n'ont pas été assez attentifs. Elle est passée inaperçu car nous ne sommes pas habitués à l'écouter. Elle représente la double particularité d'être à la fois, un domaine assez mal compris, inexploré, et en même temps inexplorable par quelqu'un d'autre que Soi. Elle est en cela un magnifique cadeau, un espoir. Une valeur non déformable extérieurement et qui peut suivre son chemin. Elle est un choix de vie et un chemin de compréhension, de liberté. Cependant, beaucoup de pollutions, de bruits, viennent perturber sa mélodie, sa couleur, sa consistance première et notre pensée envahissante en est une centrale qui lui fait obstacle. Alors nous allons apprendre à être attentif car il existe des « *petits cailloux* ».

Chercher du sens.

Il est à la fois étrange et rassurant de comprendre, de ressentir, qu'une partie de nous suive pour survivre, un flux extérieur, le monde, tel qu'il est. Avons-nous le choix ? Mais il est aussi juste de penser, qu'une autre partie de nous doit suivre, pour vivre, un flux intérieur. Et là nous avons le choix ! Je veux dire que l'existence nous mène sur un chemin double, dont l'un des itinéraires consiste à prendre sa place dans la société. Pas toujours comme l'on veut mais souvent comme l'on peut, car cet aspect touche à l'alimentaire pour ne parler que de cet essentiel. L'autre itinéraire, non indiqué sur le guide du routard ! Consiste à prendre le chemin d'un raisonnement, qui intègre la notion d'une harmonie intérieure, cette fois non dirigée. Veuillez noter qu'il faut entendre ici, « *non dirigée* », sous une forme subtile, soit : ni par une manipulation extérieure, ni par une manipulation intérieure non consciente ; Mais comme réponse à une entropie, de s'ouvrir à l'idée que quelque chose au plus profond de nous, sait, comment nous guider. Ce concept contradictoire demande un approfondissement car il est important de saisir le message qu'il véhicule et que nous approfondirons en Chapitre 6. Que nous en ayons conscience ou pas, nous avons accumulé au fil de notre vie, des formes de résistances, des schémas, des croyances, des joies, des frustrations. La liste est longue et chacun peut la compléter s'il le désire, mais le fait est, que notre comportement en découle. Si nous faisons une première analyse, on peut observer en regardant autour de Soi, que la société ou nous naissons et qui par conséquent nous entoure, à un effet déterminant sur notre intellect. Que malgré toutes les belles choses qu'elle a à offrir, elle est aussi par opposition, vectrice de différences, d'injustices, de fatalités, de hiérarchies du pouvoir et du plus fort. Elle impose par conséquent une valeur de réussite financière, de survie, qui se moque de l'individu et qui est devenue la norme pensante dans notre culture occidentale. Je ne souhaite pas rentrer dans le discours politique, qui revient à opposer certains à d'autres, beaucoup de choses nous divisent déjà. Il ne sera donc pas constructif de faire un énoncé de ce que l'on peut voir de juste ou d'injuste sur notre planète, là n'est surtout pas le sujet. Non, l'idée ici est de comprendre qu'à l'extérieur, le monde Est ce qu'il Est. En tant qu'être humain, nous subissons, l'information nous inonde, nous noie, nous révolte et nous culpabilise. Ce que nous ressentons n'est pas vraiment un conte de fée. Alors nous nous débattons, chacun à notre manière pour faire face à ce constat, dans l'action ou l'inaction, la lutte ou la soumission, et que sais-je encore. La vérité, c'est que nous ne sommes pas pourvus de baguette magique pour changer le monde et les autres d'un geste. Cet acte, qui revient à changer les autres à notre image, ou selon une image idéale, serait un acte terrible. Il va à l'encontre d'une valeur de compréhension intime que nous allons développer, d'évolutions personnelles, sans oublier celles des libertés et du libre arbitre. Il ferait du détenteur de la baguette un dieu vivant qui impose sa façon de voir ! L'idée qu'une personne ou un groupe de personnes change le monde, semble alors plus que jamais un concept présomptueux et non conforme aux règles de l'univers. Mais pourtant, nous sentons tous l'urgence. L'urgence d'une nécessité qui scintille d'un vif puissant, impératif.

Alors, tout en reconnaissant avec discernement que des choses doivent être établies pour un savoir vivre en société, une question fondamentale vient s'inscrire au plus profond de la conscience :

PEUT-ON SE CHANGER NOUS-MÊMES ?

Pouvons-nous entrevoir la puissance de ce demi-tour intérieur juste un instant. Oui, nous allons prendre ce point de départ. Qu'est ce qui aurait de l'importance à nos yeux, pour que l'on en incarne la valeur silencieuse et opérative ? Sans but, sans attentes...

Le chemin en Soi. Regardons déjà que les discussions qui expriment la colère, la plainte ou le fait de râler, nous empoisonnent à un certain niveau de notre conscience. Entendons qu'il faut trouver du sens, car sans le sens, rien ne se fait. Il faut y voir clair depuis l'intérieur et ne plus être imbibé comme un coton par le flux incessant des informations qui nous submergent. Y voir clair s'impose toujours comme précepte pour arpenter un chemin. Ce chemin de Soi.

En résumé : La force des choses et la nature subtile des évènements nous prennent la main, ils nous emmènent, nous invitent à reconsidérer les notions sur l'existence et la raison d'être. Quelque chose cri, étouffe en nous et notre corps utilise son propre langage pour nous avertir. Comme s'il en savait plus que nous ! Alors les maux, les bobos expriment ce que le mental ne sait pas encore voir. Voir que le monde, est ce qu'il est, et que ceci est notre socle. Voir qu'une question centrale se pose : Peut-on se changer nous-même ? Est crucial !

Chapitre 2

Avant de trop développer la question précédente : Peut-on se changer nous-même ? Il faut comme je le disais, y voir clair et ce sont les petites informations et transformations qui feront les grandes.

Je vous propose pour commencer de partir de notre plus jeune âge, visualiser et porter un regard simple sur notre arrivée dans ce monde. Voir les bases qui nous ont faites rentrer dans l'aventure de la vie. Enfant, nous sommes tous sans exceptions dotés d'une volonté d'exploration et d'apprentissage. Elle fait l'admiration des parents. Bien que nous ayons un capital génétique transmit, nous avons aussi certains attributs intrinsèques à notre être. C'est la personnalité propre, une signature unique, que la magie de la vie insuffle à l'âme des vivants. La vie, permet la perception d'une réalité qui nous entoure et qui avance vers nous. Nous sommes à l'écoute, à la découverte des sens et du monde. J'aime dire que c'est cette partie innée de nous, présente dès le début et qui nous est propre, qui va se réaliser à travers un équipement fourni.

Cet équipement est composé :

>> *D'une génétique, c'est l'héritage lié à notre biologie mentale et physique.*

>> *D'un lieu, un pays, une ville… c'est l'héritage environnemental.*

>> *D'un point fixé dans l'espace. C'est l'héritage cosmique et temporel.*

Nous avons comme antenne nos sens et ils sont défini dans le dictionnaire au nombre de 5 : La vue, l'adorât, le goût, le toucher et l'ouïe. Ils sont l'interface de nos émotions, lesquelles par ailleurs nous remplissent de sensations que nous avons parfois du mal à maîtriser (voir Chapitre3). Leurs effets sur nous sont pour le meilleur comme pour le pire. En même temps que l'enfant fait l'expérience de ses sens, de ses émotions, de sa personnalité, qu'il reçoit les influences de sa ou de ses figures d'attachement, il intègre progressivement et à la petite cuillère la programmation éducative et culturelle INÉVITABLE. Que celle-ci soit bonne ou mauvaise, juste ou injuste, adaptée ou non, nous la recevons tous.

Compréhension de la programmation inévitable.

Il est important de noter que cette succession de challenges complexes et d'interactions va prendre des formes internes. Un réseau se construit dans notre cerveau. L'observation pragmatique qui ne tiendra pas compte de faits du destin ou de la chance si l'on y croit, nous permet de manière neutre de voir et convenir : Que nous sommes un assemblage prédéfini.

> « *Que nous nous augmentons suite à l'addition d'expériences.*

> « *Que les chemins sont biens différents pour chacun d'entre nous et que ce que nous allons vivre est en cela unique.*

> « *Que cet ensemble forme une globalité présente dans notre mémoire.*

Un enfant né dans un pays en guerre ne suivra pas les mêmes programmations que celui né dans une des classes sociales d'un pays stable. Cet exemple triste et extrême nous montre sans détours que nous vivons tous en ce sens une expérience unique, que nous allons qualifier de plaisante ou déplaisante, juste ou injuste, joyeuse ou triste etc... Selon nos attributs de départ et selon les aléas de notre parcours, l'expérience change. La nôtre EST à cet instant ce que nous en pensons ou plus précisément tel que notre pensée nous la fait ressentir. Ainsi nous allons traverser les différentes périodes de notre évolution, façonnés, moulés, avec nos réussites et nos échecs, nos bons points et nos punitions, l'adolescence souvent tumultueuse, puis la rencontre avec l'amour et ainsi de suite. Tout cela, nous le savons, mais il fallait le dire. Beaucoup de temps est

8

passé depuis le début. Nous pouvons faire le constat d'avoir un beau parcours, ou pas, de bon géniteurs, ou pas, et de nous être forgé une forte personnalité, ou pas. Alors voyez-vous, nous pouvons apporter ces réflexions à la notion du demi-tour évoquée plus tôt sur la question du changement personnel. Car à bien y regarder…et c'est important… Tout cela ressemble à une entrée en matière. Cela ne représente en rien une finalité. Ce récit retrace notre point d'arrivé dans le temps, le cosmos, la partie INÉVITABLE de l'intégration dans la société.

« Comme si nous étions un visiteur qui s'adapte bon gré mal gré, qui épouse au point de les faire siens, les contours de son environnement ».

Le « non Soi conscient »

Cela ressemble beaucoup à l'épigénétique que nous aborderons plus tard dans le Chapitre 4. Mais tout ceci est-il le fait du hasard, de la chance ? Une perfection de l'univers ? Doit-on comprendre quelque chose en nous ? Avançons encore un peu plus sur la question de, peut-on se changer nous-même. Pour continuer, je vous propose d'entendre qu'il existe un « *non Soi conscient* » Je souhaite utiliser ce terme ambiguë plutôt que : inconscient. Cela me permet d'exprimer de nombreuses idées dont la première que je citerais, est que nous vivons une expérience multidimensionnelle, non enfermée dans un concept immuable, mais ouverte à la transformation. L'inconscient utilisé seul, me fait personnellement trop penser à un espace intouchable, inatteignable, et par conséquent qui ne peut pas être transformé du fait d'une nature qui sous-tend l'idée d'être invisible. Pour qu'il n'y ait pas de mauvaise interprétation sur le sens que j'entends véhiculer, je vais donner mes propres définitions sur quelques termes que vous pourrez lire à différents moments du livre :

Description des termes spécifiques au livre.

   ✿ *J'entends par « non Soi conscient » quelque chose en nous,* qui croit lui-même qu'il est nous. J'ajoute aussi qu'il a tendance à occuper beaucoup d'espace. Il est mémoire.

∿ J'entends par « Soi latent » La « vibration » qui est en nous. Pour ne pas rester dans l'abstrait, je dirais que l'on peut la ressentir lorsque l'instant présent est vécu en pure conscience. Ce peut-être en marchant, à la pêche, devant un coucher de soleil par exemple. Cet état peut aussi se dévoiler au quotidien.

∿ J'entends par » résonance du Soi incarné » L'union non duel, un juste équilibre du « Soi latent » et du « non Soi conscient »

∿ J'entends par « le serviteur » le software qui travaille au service du « non Soi conscient »

∿ « Ce qui est » : c'est une expression empruntée au sage Indien Jiddu Krishnamurti. Elle caractérise à mon sens l'ensemble total et entier de l'instant présent, de ce que nous sommes réellement et de ce que nous avons encore du mal à percevoir mais qui pourtant fait partie de la réalité qui nous touche directement.

∿ « La liberté harmonique » défini l'état d'être qui implique à la fois la compréhension et le rejet intime du conditionnement dans sa totalité, ainsi que le mouvement de l'intelligence responsable face aux évènements « vivants ».

∿ « Le conditionnement » est la totalité de ce que la pensée prend pour acquis dans l'enferment des savoirs, des cultures, des croyances, des traditions et de l'analyse non « vivant ».

∿ « L'intelligence » est l'action qui naît de l'observation non conditionnée et par conséquent non déformée par l'analyse de la pensée conditionnée.

∿ Le « vivant » n'est pas la pensée qui analyse lorsqu'elle est recouverte par le passé ou le futur, mais il est l'ensemble des phénomènes qui se produisent à l'intérieur de nous et à l'extérieur de nous actuellement.

∿ « L'observation » est un état qui implique la totalité de nos

Voir la connexion société / serviteur.

Avant que chaque expression soient développées, disons pour le moment que c'est par l'intermédiaire de notre mental, et de son cheminement, par un travail d'éducation, d'addition, de comparaison, de jugement, d'expériences vécues et etc., qu'un processus mécanique de construction brique après brique, a structuré une partie et je dis bien une partie de notre être. Ce processus d'intégration d'informations, a pris place en nous comme étant une valeur vraie, voire absolue. Il s'est imprimé à différentes profondeurs, selon la répétition ou la violence des expériences. Une fois ancré, il s'est rendu disponible comme un schéma de réflexe automatique. Ce principe fonctionne sur la même analogie que l'apprentissage de la conduite. Au début il faut passer les vitesses, appuyer sur l'embrayage, regarder dans le rétroviseur, mais au bout d'un certain temps, nous pouvons nous concentrer sur d'autres choses. Les gestes deviennent des automatismes qui ne nécessitent plus aucune concentration. Nous avons donc un cerveau divisé[1] ! Dont une partie est mécanique, qui fonctionne comme un « *serviteur* ». Ce « *serviteur* », nous l'avons programmé. Il est en nous, avec sa bouteille d'éducations et de savoirs, avec ses contours définis par l'environnement. Son rôle est de nous amener sur un plateau l'automatisme, celui qui en lui, correspond le mieux à la situation présente. Une forme d'auto réponse ou d'auto réaction, partiellement ou totalement, non consciente. C'est un outil puissant, extrêmement efficace. Mais attention ! Il va s'avérer très vite perturbant si nous ne surveillons pas, par une conscience active, le mécanisme qui le fait fonctionner et les informations qu'il stocke pour nous. Nous comprendrons que l'enfant d'un certain âge que nous sommes, n'a pas la main pour faire ce diagnostic, seul le recul de l'adulte que nous sommes et sa volonté consciente peuvent l'y aider. Une nouvelle vision s'ouvre à nous car la programmation inévitable peut alors être considérée comme un socle, une base de travail personnel et intime. Beaucoup de nos comportements sont

---

1 *Lain McGilchrist*

le miroir de notre serviteur. Nous en avons programmé consciemment ou inconsciemment tout le contenu, et nous allons voir que cela peut prendre d'énormes proportions. Je vous propose de résumer la situation selon la métaphore suivante : Dans les plats préparés, nous ne savons pas toujours ce qu'il y a ! Faire, en tant qu'adulte un check up de la liste des ingrédients, devient un bon exercice pour sa santé ! Râler ou chercher un coupable n'est pas la bonne solution car c'est précisément l'habitude du « *non Soi conscient* » et sous cet angle, nous voyons combien il est facile de le démasquer.

> *« Réagir est une sensibilité à ce que l'on voit,*
> *entend ou ressent.*
> *Agir avec le « non Soi conscient »*
> *est un mécanisme ».*

Alors je le dis à nouveau, regarder au dehors pour voir si ce fait est réel, ne va nous amener nulle part. Il est par contre à noter, qu'une grosse quantité d'énergie nous est nécessaire, car voir, comprendre et accepter n'est aisée pour personne, surtout quand il s'agit de Soi. Pour être objectif et décontracté, entendons que personne d'extérieur ne va voir ce que le Soi étudie en lui pour sa propre évolution. Alors allons-y sans détour car il faut avoir un regard lucide sur ce que nous sommes réellement. Pas question de censure pour l'observation des phénomènes psychiques internes. Il faut voir leurs effets, mais surtout leurs racines. Bien sûr, et cela se veut rassurant ! Tout le monde a sa propre plantation, il n'y a rien de grave, juste à comprendre que prendre les rênes de son être à ce niveau, en plus de la prise de conscience, implique autant d'indulgence que de remise en question pour ceux qui souhaitent faire ce travail. Je me permets d'émettre le sentiment que la société consommatrice dans laquelle nous vivons, (j'entends aussi bien consommatrice d'informations, que de biens, que de plaisirs et etc…) nous sert et nous dessert en même temps. Elle agit, elle façonne le « *non Soi conscient* » elle induit une direction dans le mental, non parce qu'elle est coupable, mais tout simplement car elle favorise en lui ce qu'elle représente, ce que l'Homme fait, achète et utilise. Elle joue avec nos sens, elle nous amène à être des consommateurs sous hypnose et à nous comporter de manière étrange avec nous et nos semblables. Revenons sur l'observation. En poussant un peu, nous allons déceler cette tendance naturelle à rentrer dans un schéma qui œuvre en vase clos, loin de la partie vivante, juste, analytique et créatrice de notre intellect. Il y a sclérose de notre « *vibration* » par un processus de prise de POUVOIR de notre « *serviteur* » et de nos sens. Nous vivons selon notre mémoire. Il y a autant de mémoires différentes que d'êtres vivants sur la planète. Nous ne devons par conséquent nous identifier, ni au moule (l'ensemble des éléments qui nous a construit), ni à la mémoire pour évoluer, car ils sont seulement un socle, un modèle préfabriqué. La réalité n'est pas cela, elle est pourtant un espace qui va nous échapper, si nous la regardons par un petit trou. Alors il faut comprendre ce que signifie le « *non Soi conscient* » « *le serviteur* » et la partie de nous qui doit suivre un chemin intérieur pour vivre.

*En résumé : La découverte de Soi est un voyage et il commence par l'acte de comprendre les voiles de ce que nous pouvons nommer : un conditionnement inévitable. Ces voiles sont une mémoire et ils structurent un « **non Soi conscient** », c'est-à-dire quelque chose en nous qui croit lui-même qu'il est nous. L'observation de oi montre que nous avons aussi une tendance naturelle à rentrer dans un schéma qui œuvre en vase clos. Nous avons de nombreux automatismes qui s'appuient seulement sur cette mémoire que nous pensons à tort, être nous. Oui, qui sommes-nous ? Une mémoire, une conscience, les deux ? Ou plus encore ?*

Chapitre 3

Les émotions sont déterminantes dans les comportements qui nous habite. Nous avons tous notre propre définition de ce qu'est l'émotion, alors certain vont les cacher, d'autre les montrer, et nous pouvons même nous juger par rapport à celles-ci. Nous penserons qu'il faut en avoir ou pas dans une situation donnée et ainsi de suite. Sans approfondissement personnel de la chose, nous ne faisons que créer des préjugés, des croyances sans fondement sur notre propre état d'être. N'est-il pas important d'établir en nous ce fondement ? Après tout il s'agit de nous ! Il suffit de s'accorder ce temps et d'aller au-delà de la lecture qui le propose. Voir pour Soi le sens réel de l'émotion, c'est une boussole. Commençons ensemble, et regardons de prêt ce que représentent les sens pour que puissent s'établir certains liens de compréhensions, que les choses deviennent claire sans supposées être ceci ou cela. Les cinq sens dont la nature nous a dotée, représentent à la fois une découverte permanente durant notre vie et un défi, pour les petits comme pour les grands. Ils sont le déclencheur en nous des émotions, puis des différents comportements, ressentis, positifs ou négatifs, d'envies, de frustrations, de colères, d'affections, de tendresses etc… Entendons que la pensée liée aux croyances et aux habitudes est également un déclencheur d'émotions complexe.

« Le vent d'hiver qui effleure la peau, est le toucher. Ce contact extérieur induit le frisson sans que la pensée intervienne. Ensuite, la pensée invite l'action de mettre un gilet.

Note : La pensée est utilisée ici à bon escient dans un acte de bon sens et de protection.

« La vue de quelqu'un qui fait tomber et casse un objet

déclenche en nous le contact qui est un « haut le cœur », ou à minima une surprise. Quand cet objet nous est précieux, la pensée fait ensuite intervenir notre sentiment d'attachement. Il s'agit ici d'une bibliothèque personnelle. L'attachement induit le sentiment de perte. Ce sentiment sera transformé par la pensée en émotion de tristesse et/ou de colère.

Note : Le premier contact est sain car il est une réaction d'éveil, de réflexe. La pensée qui vie de passé et de futur a créé l'attachement et celui-ci donne l'émotion de tristesse ou de révolte. La pensée ne semble pas être aussi objective lorsqu'elle a elle-même créé une distorsion comme l'attachement.

« Pendant que l'on écoute la radio nous entendons qu'il pleut demain. L'ouïe est ici le contact. Mais comme nous avions prévu un pique-nique, la pensée va inviter notre attention totale pour bien écouter. La pensée fait ensuite intervenir notre sentiment de déception, de frustration et ainsi de suite.

Note : Le premier contact est sain car le mot entendu (la pluie) déclenche de manière automatique un réflexe d'éveil. La pensée intervient pour positionner le mot pluie dans un contexte utile qui prévient de l'impossibilité de la sortie et cela lui donne tout son sens. Mais la pensée avait déjà créé une attente, le pique-nique et se voyant refusé ce plaisir, elle créait alors la frustration et la médisance sur le temps et ainsi de suite nous gâchant la journée d'aujourd'hui et à y être celle de demain ! Il semble que la pensée joue ici deux rôles, celui de nous prévenir d'une chose à ne pas faire, pique-niquer sous la pluie et celui de nous envoyer de la frustration, alors que c'est elle qui a créé l'attente et se faisait une joie. Comme si la joie se programmée.

« Nous n'avions pas prévu de faire des achats, mais pendant une flânerie, nous apercevons un magnifique habit…, par la vue, le contact s'établit et nous percevons la beauté, ce premier contact est pur, non distordu, car seule la beauté est perçue. Ensuite une image furtive est

proposée par le « serviteur », nous voyons bien cet habit avec nos chaussures grises... la sensation d'envie est établi, le désir de possession naît, concrétisé par la pensée qui va trouver une raison... Nous le voulons pour notre sortie à l'occasion de... Nous le voulons parce-que nous avons besoin de se faire plaisir et etc...

Note : Il y a toujours ce lien très étroit qui existe entre les sens, l'émotion, le sentiment ou le ressenti et le comportement que la pensée nous fait vivre. Notre comportement découle de ce que la pensée a créé en nous depuis longtemps, les bons points, les punitions, les pertes, les attachements, les désirs, les besoins de réconfort, la peur, la mort, le vouloir être ou devenir, deviennent à leur tour mal être psychique puis physique en tant que conséquence. Il est indiscutable que la pensée est un outil utile et indispensable, mais il est tout à fait discutable de se méfier du rôle qu'elle s'autorise par mécanisme.

Relation entre serviteur émotions et pensées.

La perception par le sens est toujours soit pure, soit réaction en éveil. Le sens de la vue est un des sens les plus utilisé, à moins d'une cécité. L'œil qui perçoit la beauté peut la voir partout où elle se trouve, mais la pensée provoque inévitablement un effet secondaire et de pouvoir basé sur ses habitudes, ce qu'elle a appris ou croit, allant du simple fait à la distorsion, elle induit les croyances, les attachements, les buts et objectifs avec l'aventure, le désir ou l'envie, la comparaison. Nos frustrations, nos appétits et ainsi de suite, sont en relation avec cela, qu'ils soient vestimentaires, recherche de pouvoir, besoin d'un cadre vertueux comme la religion, une recherche d'amour ou de sécurité ou de force, de se diriger vers une armée pour sa rigueur ses valeurs, un besoin de richesse, sexuels, etc... Je tiens ici à préciser que nous ne sommes pas dans l'obligation de poursuivre l'expérience vers le désir, nous pouvons régler tout ceci sans pour autant être frustré ou se punir. Mais pour cela nous devons comprendre la vraie source du désir et ses conséquences. En terme de désir, désirer quelque chose ou quelqu'un demande de suivre une voie pour nous y amener et cette voie comporte également des pièges, il faut au moins le savoir et regarder cela. Ensuite, si nous disons qu'il n'y a pas de mal, c'est OK. Mais l'exploration du

Soi nécessite d'ouvrir le vrai et d'ouvrir le faux, de voir le faux dans le prétendu vrai et le vrai dans le prétendu faux. Dans nos besoins de refuges, se cachent des vérités toujours plus profondes. Bien des raisons peuvent se cacher derrière ce simple évènement de l'habit par exemple. Vous pouvez en construire un autre qui vous ira mieux si votre armoire ne contient que très peu de vestimentaire. Je ne puis en tout cas être explicite car ceci est un exemple léger et nous sommes tout autre chose, mais les besoins permanent de l'humain dans notre société sont un sujet hautement important et qui doit être compris. Nous souffrons tous de tellement de choses, nous voulons être heureux, satisfait, récompensé, compris, mais nous ne nous connaissons pas. Entendons que les racines de ces souffrances, qui deviennent nos actes, sont souvent bien plus profonde qu'il n'y parait et c'est bien pour cela qu'il faut aller les chercher avant que se sclérose nos branches.

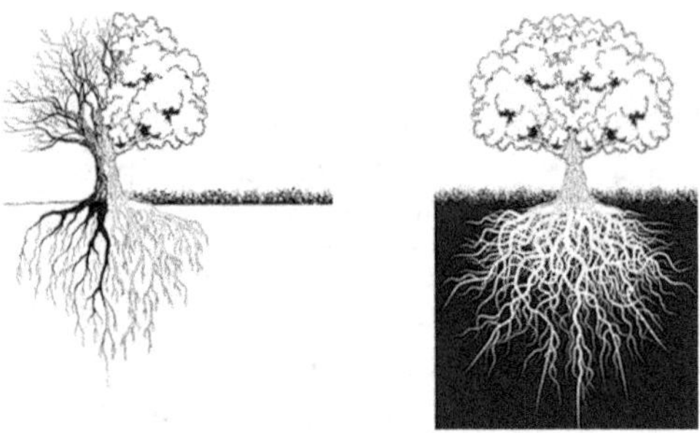

« Voir et travailler cela est un peu à l'image d'envoyer de la lumière dans sa vie ».

Prenons maintenant notre modèle avec un exemple qui induit directement la peur. Deux personnes sont dans une voiture, le conducteur et le passager. Arrivé dans un rond-point, les voitures s'entrecroisent rapidement et à la vue de ce qu'il se passe (le conducteur qui se faufile entre deux voitures), le passager voit, il rentre en contact visuel, une peur réflexe surgit, il freine du pied sans avoir les commandes, il cri, c'est la protection. Mais il n'y a pas d'accident car cette manœuvre était possible. Pourtant il ressent toujours cette émotion de peur et la pensée la transforme maintenant en révolte et

18

en engueulade. La vérité est que le passager ne contrôle pas la situation, il n'a pas confiance alors l'émotion l'envahi et fait réagir. Mais si l'on change de passager pour la même scène, nous pourrons constater un comportement différent où celui-ci n'aura aucune peur ni même réaction. Pourtant il aura eu le même contact visuel. Alors que s'est-il passé ? Peut-être que le passager N°2 est aussi fou que le conducteur !! Mais ce n'est pas ici le cas. Si le passager qui ressent la peur observe et cherche les racines de celle-ci, il verra certainement que lui au volant, n'aurait pas pu passer. Il pourra se demander en qui n'ai-je pas confiance, en ce conducteur, ou en moi ? Alors il faut du discernement pour cet exemple car la folie de faire n'importe quoi, ne vaut pas mieux que les hurlements de quelqu'un qui n'a pas confiance en lui. Ce sont des exemples destinés à révéler nos comportements dans différentes situations et en aucun cas des objections positives ou négatives cherchant à déterminer une faiblesse ou une culpabilité.

Prenons maintenant notre modèle avec la pensée. Je voudrais acheter un nouveau couteau pour la cuisine très coupant. Je ne sais pourquoi ma pensée se met en situation et je me vois toucher la lame pour vérifier son efficacité (imagination). Je m'imagine me blesser gravement. Des images de couteau qui rentre dans mon doigt arrivent (déjà vu ou vécu). Je ressens un haut le cœur à l'idée de cette scène (protection). Je suis saisi de frissons (sensation). La pensée semble avoir un pouvoir sur mes sensations lorsqu'elle a dans sa mémoire des expériences. Elle veut faire du « *vivant* » avec du mort, en tout cas mémoire. Nous appelons cela bon sens, oui c'est peut-être vrai, mais autant que auto-empoisonnement. Le bon sens sera si l'on parle de mettre la main dans le feu, jamais je ne ferai cela. Mais le couteau, nous en avons besoin, toute cette imagination est l'acte de ruminer. De même que la pensée, il est indiscutable que l'expérience est une intelligence utile et indispensable, mais à nouveau, il est tout à fait discutable de se méfier du rôle qu'elle s'autorise par mécanisme et imagination.

Par ailleurs, cette intelligence qui provient de l'observation, nous montre clairement que mal utilisé, l'expérience comme la pensée sont un poison pour le corps et les relations humaines. Regardons encore une fois. Il y a contact par les sens, puis émotion pure ou réflexe, puis la pensée créait avec l'analyse et son vécu ou ses attentes une réaction et un comportement, puis lorsque l'imagination prend place, elle commence à inventer ses histoires hypothétiques ou de délire imaginatif ou de frustration, colère, médisance... De là naît une nouvelle forme de sentiment ou d'obsession. Les angoisses, les croyances, les peurs, les désirs et ainsi de suite sont alimentés au point de nous rendre malade ou désagréable, voir violent. L'alcool a le même effet, on y prend plaisir et l'on sent l'euphorie pendant

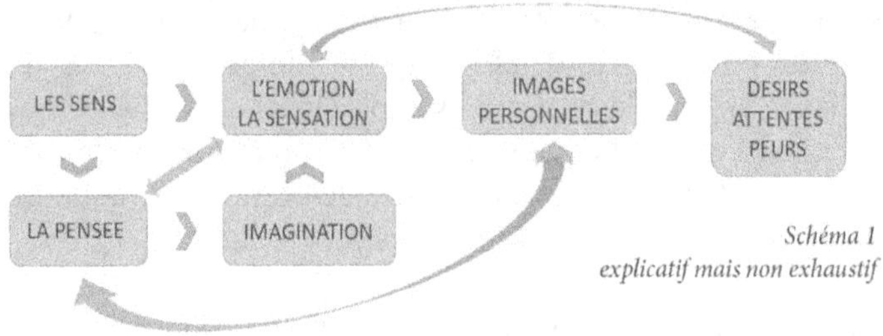

Schéma 1
explicatif mais non exhaustif

la prise, puis nous sommes ivres et nous perdons le contrôle, puis nous avons les effets secondaires. Ensuite nous disons que plus jamais nous en boirons autant, mais la dépendance et les relations font que nous recommençons encore. Sauf bien sûr pour ceux qui régulent correctement ou changent.

Nous voyons sur le tableau Schéma 1 le concept sous forme schématique. Deux sources différentes sont proposées : par les sens ou par la pensée. Concernant le déroulement, nous comprenons aussi que les choses peuvent être plus complexes. Que l'image peux par exemple changer de place selon le schéma. Que certaines formes d'émotions peuvent évoluer selon nos désirs, attentes, peurs etc... Les doubles flèches montrent qu'il peut exister des interactions entre chaque circuit. Ne prenons donc pas ce schéma comme étant exhaustif, ou définitif, mais plutôt comme une aide pour se faire une idée visuelle des interactions. Nous pourrions maintenant répondre à la question: Qui a mis l'image dans la tête ? Comment c'est elle inscrite ? Je sais que nous devinons déjà pourquoi et comment dans son sens majeur, mais nous devons aussi dire que la réponse n'est pas si simple et ne peut pas tenir en quelques mots. Beaucoup d'implications rentrent en ligne de compte, car nous sommes confrontés depuis notre enfance à ce fameux parcours complexe. Nous sommes aussi chargés émotionnellement et inconsciemment de nombreux invisibles. Le Chapitre 14 sur les liens nous permettra d'explorer partiellement ces invisibles. En tous les cas, une chose est sure, il y a une corrélation, un lien de cause à effet entre « *serviteur* » (le software qui travaille au service de notre « *non Soi conscient* »), émotions, pensées, croyances et comportements. Nous fonctionnons de manière naturelle par mécanisme. Celui-ci est actionné par le « *serviteur* ». Nos sens perçoivent le monde et nous transmettent des sensations pures, pure ne veux pas dire belle ou moche, bien ou mal, mais pure dans le sens de neutre, non distordu par une expérience, une connaissance ou une pensée. Ensuite elles sont effectivement reliées à notre réservoir d'images, de vécus que le « *serviteur* » utilise à travers la pensée ankylosée par le « *non Soi conscient* » et donne une consistance à nos émotions. Notre comportement en découle, mais nous voyons maintenant de manière évidente que celles-ci vont varier selon qui nous sommes depuis notre point d'entrée dans la vie. Et nous comprenons aussi le conditionnement qui s'est effectué et qui a imbibé une partie de notre être. Alors entendons que jamais, le « Non Soi conscient » n'ira chercher les racines profondes de nos ressentis. Nous pouvons comprendre que si, aucune analyse, aucun regard, ne vient contrarier ce processus automatique d'auto-réaction, le « *serviteur* » fera le travail tout seul. Il va continuer comme il sait si bien le faire. Il va s'appuyer sur ses références acquises : image, ou série d'images, notre histoire ou une pensée, l'invisible, un but, un objectif ou le désir ou une peur. Tout cela étant créé par le même processus, comme une boucle. Nous pouvons aussi comprendre que puisque nous sommes dans un schéma dit « *d'auto-réaction* » certaines choses vont continuer à se dérouler sans que l'on est vraiment conscience, perception claire. Ainsi prend place selon le cas : le désir compulsif ou pas, la colère, la peur à ces différents niveaux, la pensée positive ou négative et etc...

Notre esprit peut-il voir, découvrir tout cela ? Nous pouvons dans tous les cas explorer les choses mais il faut toujours une dose d'énergie. Avons-nous suffisamment d'énergie pour observer ce qui nous est intrinsèque, ce que nous sommes, notre structure mentale acquise et etc. ? L'énergie existe sous une multitude de formes, celle de la jeunesse, celle que l'on doit dissiper en faisant du sport, en travaillant dur, celle qui éclate en sanglot ou en colère, celle qui produit de l'électricité et ainsi de suite. Mais toutes ces formes d'énergies ont le même point en commun qu'elles doivent sortir, elles semblent ne pas pouvoir être contenues comme si elles n'avaient plus assez de place, alors elles sortent et se transforment en mouvement. Pour que de l'énergie puisse être utilisée à l'observation de Soi, nous devons autoriser de l'espace intérieur. Nous avons besoin d'espace pour qu'une circulation fluide existe. Regardons notre espace, pouvons-nous créer cet espace, ou de manière plus précise et juste, pouvons-nous accéder à cet espace ? Ou allons-nous laisser sans discernement ni régulation se déverser un flot incessant en nous, occupations, sorties, travail, buts, désirs, discussions bouches trous, informations, téléphone, imagination, pensées d'hier et de demain et ainsi de suite. Autrement dit de fermer la porte qui mène vers cet espace.

Nous pouvons partir de ce point qui consiste à ouvrir de l'espace en nous. De s'autoriser à observer ce qu'il se passe lorsque nous régulons ce flot incessant qui recouvre le « *vivant* ». Alors cela bouleverse un peu, car il faut trouver le bon dosage. Faire et élargir cela dans notre quotidien permet de comprendre ce qu'il se passe dans notre présent. Nous commençons à être un observateur de soi-même. Nous pouvons vérifier l'ensemble de ces mouvements intérieurs et extérieurs à Soi afin que se révèle un regard nouveau. Une évolution personnelle se situe dans une autre dimension de notre être que la partie mécanique, intrusive et envahissante. La dimension de notre être est bien plus que le « *non Soi conscient* ».

Un des aspects du mot « *Vie* » peut être interprété en prenant l'exemple frappant d'une photo, car une photo est une mémoire, elle est la représentation inerte, morte de ce qu'elle montre. Ce qu'elle montre ne contient ni le présent, ni la chose, ni la personne, seulement l'image, la mémoire, la représentation. Ce qui devient présent est alors le plaisir, la peine, la nostalgie ou l'attachement qu'elle procure. Mais la réalité troublante, est que se sont des émotions sur un souvenir, une mémoire, c'est la pensée. Nous pouvons méditer sur ce plaisir étrange de vouloir revivre certains instants et sur le pourquoi nous entretenons ce type de relation avec nous-même, d'immersion émotionnelle. Est-on en manque ? en manque de quoi alors ? A-t-on peur d'oublier ? mais oublier quoi exactement ? Serait-ce oublier que de ne pas regarder une photo ? Oublier est tout autre chose et il ne s'agit pas d'oublier, de mépriser ou d'écarter ce qui a constitué notre existence. Mais vivre dans l'ailleurs n'est-il pas un oubli du maintenant ? Le ciel avec les oiseaux qui passent, leur chant, l'odeur qui nous entoure, la brise qui fait bouger les feuilles, la personne qui est là, à côté de nous quand c'est le cas, tout cela est le « *vivant* », la vie présente qui se déroule, « *ce qui est* », maintenant, là intérieur et extérieur. Regardons et voyons que c'est vrai, ressentons ce que cela fait. Maintenant regardons la photo et voyons la différence. Nous n'allons pas pour cela jeter nos photos, ni arrêter de les regarder, mais il faut quand même être conscient de cette dimension des réalités entre le « *vivant* » et le mort, mort dans le sens de passé. L'existence hors du temps, hors du mouvement n'est pas authentique. Comme avec l'exemple de la photo, nous vivons souvent dans la pensée et par conséquent dans le passé, le futur ou l'imaginaire. Et nous savons qu'il faut une bonne dose d'énergie pour recaler ce fait en permanence. Cette observation nous en apprend un peu plus sur nous et cela est important, comme de déterminer ce qui pour nous est sensés et utiles, versus nuisibles et pesants. Compréhensif avec soi-même et la vie qui nous entoure. Nous sommes tous dans le même cas et nous devons nous impliquer à être le plus constructif possible dans cette manière de voir et de penser. Nous devons trouver le bon équilibre, le nôtre.

Nous vivons la dualité en permanence, à commencer avec nous même, car nous créons nos propres contradictions avec cette distorsion du temps, de la pensée et de la croyance. Nous ne comprenons pas tous nos conflits internes. Parfois nous ne savons même pas qu'ils nous habitent. Et comme il en va de même pour tout le monde, le phénomène se complexifie. Ce travail de lucidité intérieure peut nous secouer, il peut créer des réactions variées, mais pour que s'opère un changement, nous ne devons en aucun cas qualifier de négatif ce qui nous a construit. Si nous ressentons le trouble ou la déstabilisation, c'est bon signe ! Avec le temps nous finissons par aimer cela, car voir, c'est aussi apprécier toute *la beauté cachée*. Voir en étant un observateur de Soi-même et du présent qui nous entoure, nous permet de faire un acte conscient, puis de laisser glisser quelque chose, comme un nuage dans le ciel qui ne fait que passer. Une intelligence immédiate est favorisée et pas besoin de se référer à la catégorie des très forts ou des pas assez car cette intelligence-là, n'a rien a voir avec celle des notes que nous avons eu en classe ou celle que l'on se donne en comparaison aux autres. Non c'est notre intelligence instantanée qui apparait pour être et agir, mais qui ne se fixe pas en mémoire, elle fait son travail, pas plus pas moins. Lorsque nous n'avons pas assez d'espace, cette intelligence ne peut pas être favorisée.

*En résumé : L'observation de nos cinq sens et de leurs modes de fonctionner nous font comprendre les comportements mécaniques d'auto-réaction, les pensées, les désirs, les peurs et leurs sources. Cet exercice nous apprend alors à nous connaitre mieux et nous réalisons que très souvent, la peur, la colère, les frustrations, les buts les objectifs… sont en liens avec nos conditionnements et les mémoires qu'ils incarnent. Pour cela il faut l'observation passive et elle prend sa valeur dans les moments de pure conscience. Le vrai est vue par ce que je nome le « **Soi latent** » Il se manifeste à travers la « **vibration** » qui est en nous dans un instant de présence lucide. Ce voyage nous amène vers une prise de conscience. Elle nous aide à ressentir la pression de ce conditionnement inévitable, et nous fait comprendre que nous ne sommes pas lui. C'est pourquoi, une partie de nous doit reprendre les rênes pour qu'un chemin intérieur s'ouvre et agisse. « **La résonance du Soi incarné** » est la communion de notre êtreté, « **non Soi conscient** » et « **Soi latent** » réunis pour favoriser une nouvelle forme d'intelligence et d'intuition.*

Chapitre 4

Dans l'exercice de l'observation précédemment approché, nous remarquons un lien étroit avec notre corps et les souffrances que nous lui infligeons, plaisirs, objectifs et buts, stress, anxiété, impatience, déception, et tous les ascenseurs émotionnels que nous construisons. Le corps dont nous parlons ici n'est donc pas celui du culte de la beauté, des muscles, du bronzage ou du sport qui sont plus proche de l'image du Soi. Il est question de l'intimité avec nos cellules dans un esprit de dialogue intérieur. Il ne s'agit pas de parler à soi-même en se disant j'aime mes cellules, cela est amusant mais enfantin. Mais la manière dont nous pensons est avec certitude un dialogue avec nos cellules, car par exemple nous la ressentons cette angoisse qui provient d'une imagination de la pensée sur un fait. L'imagination brode et stresse. L'imagination brode et fait naître l'attente ou le désir et ainsi de suite. Nous sommes nos cellules, elles forment un tout avec la pensée. Elles doivent également s'adapter à nos évolutions et ce n'est que progressivement qu'elles pourront le faire. Donner du temps à notre être pour digérer chaque nouvelle perception, est souhaitable. Quelques cent mille milliards de cellules cohabitent et s'agitent en nous de manière organisé. Elles sont nous, et sur un certain point de vue notre véhicule physique. Il permet l'expérience dans cette vie.

> *« Aimer ses cellules veut dire penser sainement,*
> *veut dire s'aimer Soi-même, comprendre le respect de Soi*
> *et cette action de bienveillance intime recèle*
> *un trésor insoupçonné ».*

   ∾ *Epigénétique définition : Correspond à l'étude des changements dans l'activité des gênes n'impliquant pas de modification de séquence d'ADN et pouvant être transmit lors de divisions cellulaires. Les modifications épigénétiques sont ré-*

versibles contrairement à la mutation.

Les avancées sur l'épigénétique et les travaux de nombreux spécialistes, nous montrent que les gênes peuvent être influencés et modifiés par les croyances. Des chercheurs comme Bruce Lipton pour en citer au moins un, ont même découvert dans leurs travaux sur la cellule et le clonage, que selon l'environnement dans lequel elle est immergée, elle va pouvoir devenir muscle, organe, et ainsi de suite pour une infinité d'autres possibilités. Egalement que les gènes et l'ADN ne contrôlent pas nos fonctions biologiques mais qu'ils sont contrôlés par leur environnement et par des messages énergétiques émanant de nos pensées et de nos croyances.

« Nous devons savoir cela pour changer notre point de vue. Jamais je n'aurais pensé qu'une cellule puisse changer de destiné en changeant d'environnement ».

Cela induit que l'humain n'est pas dirigé par ses gênes comme nous le pensons depuis bien longtemps, mais par son ENVIRONNEMENT. Cela induit qu'un état de stress par exemple, dans lequel nous sommes, ou dans lequel nous pouvons nous plonger suite aux aléas de vie, modifie quelque chose en nous. Cet état de stress est celui qui va résonner au plus profond de notre métabolisme. Une telle situation installé dans la permanence ou la répétition engendre une modification cellulaire, dont les conséquences peuvent s'avérer dangereuses pour notre santé morale et physique. Alors que faisons-nous ? Nous prenons un médicament, mais caché ce stress avec un « *caché* » ou le compenser par un plaisir, ne retire pas le mal, mais l'enfouit un peu plus. Ce comportement complique et complexifie une situation déjà difficile à gérer. Nous fuyons le problème qui nous poursuit alors que ce mal qui est en nous est bien le cri de notre corps, de nos cellules. La médecine joue un rôle très important et nous devons l'utiliser pour soigner nos maladies. Mais nous avons une part de responsabilité qui ne peut être approchée par personne d'autre que nous. Que se passe-t-il lorsque nous commençons ce travail lucide de regard, d'observation passive

sur le mécanisme de la pensée, du conditionnement inévitable, du
« *serviteur* » etc.… ?

Les placebos.

Tout aussi surprenant que l'épigénétique, les recherches sur les effets placebo et plus spectaculairement sur les placebos chirurgi-
caux, démontrent clairement des faits surprenants dont voici deux
exemples :

> «   *180 patients souffrant d'arthrose au genou se sont
> remis à marcher après une opération illusoire et des
> gens gravement atteints de Parkinson, croyant s'être fait
> transplanté des neurones de dopamine embryonnaire, se
> sont remis à bouger, à patiner, escalader.*

> «   *Henry Beecher. Le médecin américain, dans le sud
> de l'Italie lors de la II Guerre Mondiale, est à cours de
> morphine. Un soldat gravement blessé doit être opéré
> sur-le-champ. Sans hésiter, l'infirmière en place prend
> une seringue emplit d'eau salée, l'injecte dans le corps du
> soldat, lui disant qu'il s'agit d'un puissant antalgique. Le
> soldat s'apaise et ne ressent pas la douleur lorsqu'opéré, à
> froid, par Beecher.*

Il y a beaucoup de recherche sur le sujet et les avancées scientifiques auxquelles nous pouvons y ajouter les techniques dites
« **non conventionnelles** », nous aident à comprendre que non
seulement nous pouvons agir sur nos cellules, mais que nous
pouvons aussi les reprogrammer. Un vrai dialogue existe entre
notre façon de penser, de voir le monde et notre bien-être.
Cette approche véhicule un ensemble cohérent qui nous fait
nous interroger. Elle recèle alors et aussi une démarche. Elle est
en quelque sorte un premier pas vers une forme d'autogestion,

une capacité à s'auto protéger, ou comme un auto-vaccin. Ce que l'on doit comprendre, ce sont les effets positifs, que notre mode de penser conscient a sur notre santé. Un réalignement conscient demande de l'énergie, il doit avoir du sens et être compris. Le chemin consiste à être un décisionnaire libre de Soi-même. Un être conscient qui comprend ce qu'il fait et pourquoi il le fait. Alors essayons de voir que les choses qui sont en nous ont un sens et que ce qui est inscrit dans nos processus mentaux, est une source d'inspiration. Le travail commence par l'acte de vérifier dans le « *vivant* » ce qui est en nous, ombre ou lumière, comprendre ce qui est manipulé par un extérieur inévitable, le monde et sa programmation. Par un intérieur indiscipliné « *le serviteur* » qui n'est pas un décisionnaire, mais un assistant. Nous devons mettre notre lucidité au premier plan en étant des traqueurs, auto-observateur du moment « *vivant* ». Rien ne sert à réfléchir de trop sur ce qu'il s'est passé hier, car cela aura sa limite. Il faut le faire dans l'ici et maintenant1, dans le « *vivant* ». Reconnaitre ce qui doit faire partie d'un processus automatique chez nous, le réflexe, le geste répétitif d'un travail, éteindre la lumière s'il fait jour et ainsi de suite. Observer ce qui doit s'inscrire dans un raisonnement conscient et non dépendant d'un processus mental. Je dis observer seulement car il est très important de ne pas lutter, juger ou commenter, juste de le voir. Le voir créait de l'espace supplémentaire en nous et génère de l'énergie vitale, « *vivante* ».

En résumé : Nous sommes nos cellules, des milliards de cellules qui collaborent. Nous nous posons si peu de question sur cette réalité. Ceux dont c'est le métier, ceux qui font avancer la recherche, nous donnent accès à des informations. Epigénétique, placebo, énergéticiens… notre état d'être, nos croyances, nos désirs, nos frustrations et nos buts sont autant de signaux qui modifient et agissent au plus profond de notre biologie. Nous avons à la fois des clefs de compréhension et une part de responsabilité dans la manière d'aimer nos cellules.

Chapitre 5

Les pensées sont-elles une énergie ?

Nos pensées sont-elles une énergie ? Et si oui, sont-elles une force agissante ? Avons-nous conscience de ce qu'il se passe à ce niveau ? Nous avons parfois du mal avec les questions pour lesquelles il est difficile d'avoir une expérience directe et cela peut parfois faire obstacle au fait de s'ouvrir à un phénomène ou même de l'étudier. Alors nous pouvons regarder du côté de la science pour élargir notre vision sur le sujet. Elle nous montre que la vie s'organise bien au-delà de notre sens de la vue et de l'écoute. Ainsi nous allons survoler quelques exemples pour avoir un échantillon des domaines qui nous éclairent, nous aident à une meilleure compréhension.

La physique quantique. Les expériences sur l'eau.

1. *La physique quantique est une nouvelle étape pour la science, un nouveau paradigme, les anciens concepts ondes vibratoires-corpuscules sont caduques et invitent le chercheur, s'il ne l'oblige, qu'il soit scientifique ou pas, à élargir ses perceptions du réel.*

Voir schéma 1 -image 1 : On projette un faisceau lumineux sur un masque comprenant deux fentes. La lumière passe par les fentes et frappe l'écran. La lumière est considérée comme une onde à l'image des vagues lorsque l'on jette un caillou dans l'eau. Elle passe par les deux fentes ensuite les interférences sont appelées diffraction et forment une série de bande sur l'écran.

Voir toujours schéma 1 -image 1 : Maintenant lorsque l'on projette des particules une après l'autre avec un canon à électron ou un laser, elles ne devraient pas pouvoir interférer comme les ondes puisque ce sont des particules certes très petites (quantiques) mais des particules et de plus elles sont projetées une à une. Pourtant il y a diffraction en regardant l'écran, elles font comme les ondes !!! La particule passe par les deux fentes et crée les mêmes interférences. Cela s'appelle l'intrication quantique.

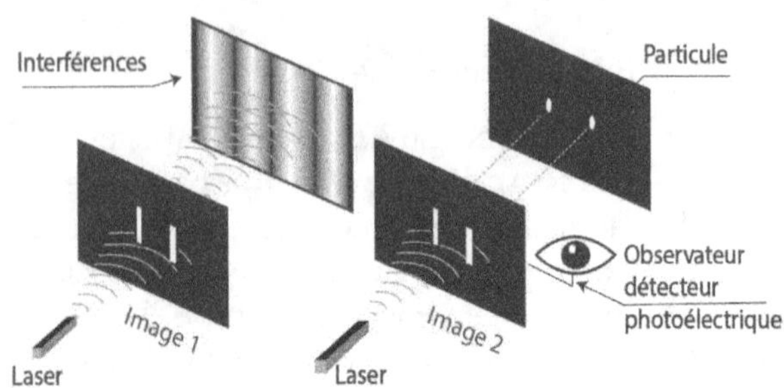

Voir toujours schéma 1 -image 2 : Plaçons un détecteur pour voir ce qu'il se passe derrière les fentes. Les interférences cessent il n'y a plus diffraction. Le simple fait d'observer oblige la particule à adopter une position. Ces expériences ont également été conduites avec des particules plus grosses comme les atomes ou des molécules C60.

«*La conclusion scientifique est qu'il est difficile de ne pas considérer l'implication de la conscience sur les particules. Notre pensée agit bien sur la matière...*»

2. *L'intrication quantique. Deux particules dans un système quantique séparées l'une de l'autre, montrent que la modification de l'une affecte l'autre, peu importe la distance entre elles. Soit parce qu'elles ont été créées simultanément lors d'une collision, soit parce qu'elles ont interagi de façon très intime, on dit qu'elles sont intriquées. Les deux particules partagent un état quantique commun.*

Les deux rond, gris et noir représentent les particules intriquées. Dans cet exemple, la particule de gauche a 90% de chance d'être grise et 10% d'être noire ; la situation est inversée pour celle de droite. Comme l'état des particules est relié (intriqué) si l'une est grise l'autre est nécessairement noire. La propriété que les expérimentateurs mesurent leur apparaît comme étant aléatoire... C'est seulement lorsqu'ils apprennent la propriété de l'une des particules, propriété mesurée mais dont la mesure est aléatoire, qu'ils découvrent que l'autre particule à la propriété opposée.

Intrication quantique temporelle : Il a également été démontré que deux photons n'ayant jamais coexisté pouvaient être tout de même intriqués, révélant la non-localité temporelle de la mécanique quantique.

3.   *Perception de la matière: Pour comprendre certaines distances au cœur de ce que nous appelons matière, nous devons nous mettre au niveau de cet infiniment petit, de cette dimension. Si le volume de l'atome avait la dimension du dôme de la basilique St Pierre au Vatican[1], la taille de son électron serait comme une tête d'épingle et la distance qui les sépare plusieurs centaines de mètre. Ce que nous appelons matière visible, vue au microscope, représente moins de 0,0001%, le reste que l'on semble ignorer représente 99,9999% !!!*

Schéma 2

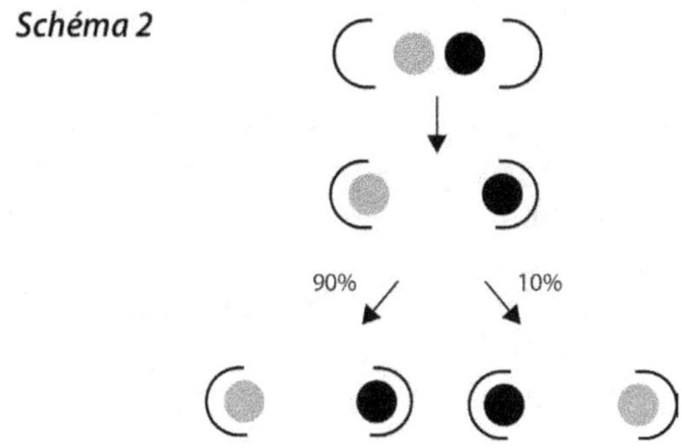

4.   *Des expériences sur l'eau telles que celles de Mazaru Emoto montrent l'impact de nos pensées sur notre réalité. Regardez les vidéos disponibles sur le développement des cristaux de glace. Faites, ou regardez le test du riz que celui-ci propose :*

*Prenez du riz et faite le cuire correctement mais en laissant une certaine humidité. Faites 3 pot en verre. Fermez-les avec son couvercle. Marquez chaque pot d'une mention différente. Pot N°1 « **Je t'aime** ». Pot N°2 « **Je te déteste** ». Pot N°3 ne marquez rien, il reste neutre,*

1   Nassim HARAMEIN

ignoré. Chaque jour, passez devant les pots et envoyez votre pensée telle que décrite par l'écriture sur le pot. Vous constaterez que le pot N°1 garde une couleur et une odeur agréable. Que le pot N°2 a noirci et sent mauvais. Que le pot N°3 que vous avez ignoré tout ce temps et noir, nauséabond.

5.   *Autre magie de la vie, 85% du corps humain est constitué d'eau, faisant de nous un parfait émetteur récepteur de pensées. Que ce soit à travers des propriétés très particulières de mémoire de l'information (Mazaru-Emoto – ou l'homéopathie par exemple, il existe de nombreuses recherches dans le domaine de l'eau). Que ce soit à travers la physique quantique car dans son infiniment petit, l'eau est aussi onde-corpuscule.*

**« *Méditons sur une corrélation entre big-bang
et intrication quantique.* »**

Je ne suis pas scientifique, et je ne souhaite pas développer ici des concepts à la place de ceux qui ont voué leur vie à les étudier, sachant que ces informations sont libres et disponibles. Nous pouvons aller à la curiosité en découvrant livres, conférences, et toutes autres domaines susceptibles de nous ouvrir aux découvertes qui ont pris place sur la planète. Mais déjà, grâce à ces quelques exemples nous pouvons percevoir, comprendre les éléments suivants :

Dans l'infiniment petit, la matière est matière, c'est-à-dire un corpuscule, seulement parce qu'elle est observée, observée de surcroit dans l'expérience de Young, par un dispositif électronique dont les résultats sont ensuite analysés par la pensée. Entendons qu'il s'agit d'observation, pas d'observation humaine, même si l'humain a créé la machine, mais de ce que la machine enregistre dans son état mécanique d'observation. La particule réagit à l'observation de la machine, peu importe qu'il s'agisse de quelque chose ou de quelqu'un, elle réagit. Sans observateur la particule se comporte comme une onde, qui elle, a la capacité à se propager, elle est en quelque sorte, non déterminée ou sans avenir précis. Nous voyons que l'observation simple, puisqu'il s'agit d'une machine, est un acte qui modifie l'état des choses, sans pour autant qu'une analyse ou une pensée intervienne avec un risque d'énergie de distorsion. Que se passe-t-il lorsque nous observons nos schémas, nos habitudes, nos peurs, nos frustrations, nos joies et ainsi de suite ? Ce que nous observons et ce qui est observé sont la même chose, c'est à dire nous. Quelque chose qui est nous va devoir prendre une position. Que fait la pensée ensuite ?

« Et bien justement, observons-la, car c'est ce qui devient précisément intéressant ».

Les chemins de l'observation et le « Soi latent ».

Même si nous ne le voyons pas en regardant notre corps, la vérité est que nous sommes un composé organisé en vie, de particules quantiques. Elles sont, non seulement à la base de notre structure physique et psychique, mais à la base de tout ce qui nous entoure, ABSOLUMENT TOUT !! Prenez une pierre, une plante, un oiseau, de la lumière, au niveau quantique c'est la même chose. Voyons-en nous que tout est fait de la même substance. Nous voyons que le vide est plus que la matière et que la matière est la résultante de forces créées par des champs électromagnétiques. Nous voyons avec le test de l'eau que les pensées agissent sur la matière et l'imprègnent de la forme qu'elle a véhiculée. Mazaru Emoto a également démontré que l'eau qui provient d'une source naturelle, c'est enrichi en communions avec la nature, par son parcours élégant et naturel. Elle produit dans son expérience un cristal parfait et splendide. Par contre l'eau puisée industriellement puis parcourant des centaines, voire des milliers de mètres dans les tuyauteries et les turbines, c'est appauvri par ce contact stérile, froid, dur et sans beauté. Elle produit cette fois ci un cristal difforme et laid. Les scientifiques post matérialiste soutiennent que de l'information passe dans un champ invisible, que notre cerveau agit comme un filtre réducteur et que la conscience humaine n'est pas dans le cerveau. Que sur une échelle de grandeur, nous ne sommes qu'une minuscule particule qui s'agite dans un être bien plus grand, il s'appelle COSMOS. Alors c'est vrai, nous n'avons pas d'expérience directe avec ces informations, mais entendons cela, n'en faisons pas un terrain conquis ou une preuve irréfutable, mais ne l'écartons pas non plus de notre chemin d'exploration.

Notre chemin, il est parsemé de petits cailloux. L'incommensurable, l'innommable, a créé la nature et a permis à la vie de se manifester, nous a doté d'un véhicule multidimensionnel d'une rare et exceptionnelle perfection. Je dirais même beauté, mais pas au sens de l'inverse de laid, une beauté cosmique, cachée, insoupçonnée, qui se moque de nos critères standard de classification. Mais donc voilà, une densité semble peser sur nos têtes, notre société, nos perceptions, notre culture exacerbent nos désirs et nous semblons bouder ce corps et cet esprit multidimensionnel qui nous a été offert pour notre évolution.

> *« Alors si oui, la pensée est une force agissante, nous devons reconsidérer l'acte de penser. Pourtant, nous avons beaucoup de difficulté à sortir de la pensée envahissante ».*

Mais la pensée envahissante, que construit-elle ? Car à la lumière de cette vision de la nature invisible des choses, cette question devient très pertinente.

Oui, la pensée occupe un espace écrasant selon les périodes de notre vie ou selon les difficultés. Elle nous empêche de dormir et nous rend absent du présent. Dans certain cas elle nous fait comme passer dans un tunnel, elle nous fait penser à autre chose pendant que quelqu'un nous parle. Elle veut revivre des instants et les poursuit à sa manière. Elle veut convaincre et avoir raison, pense à ses problèmes, à ses désirs, au futur et au passé. Elle construit des histoires improbables, fait des diagnostics hypothétiques, les transforme en désirs lesquels se transformeront peut-être demain en frustrations. Car nous finissons toujours par croire notre pensée. C'est par habitude, inconsciemment ou par manque de connaissance que nous restons dans ce schéma court de bavardage intérieur incessant et supposé utile, mais sans le savoir, nous monopolisons une précieuse énergie de vie. Je dirai que c'est encore plus fort, car même en le sachant, nous avons vite fait de l'oublier, d'oublier l'instant présent et le « *vivant* », car la pensée recouvre. Cependant, soyons prudent et indulgent car la pensée ne sert pas à rien, nous en avons besoin, mais nous ne voulons pas pour autant qu'elle recouvre en permanence. Comprenons également qu'il s'agit de voir la différence entre « *ce qui est* » et ce qui s'apparente à un échafaudage de la pensée. Un échafaudage de la pensée, est ce que veut la pensée. « *Ce qui est* », est la raison réelle, les racines profondes du pourquoi elle en est arrivée à vouloir cela et à nous convaincre que c'est bon pour nous. Ceci est l'exercice de base et même s'il semble difficile, il n'en est pas moins fondamental. Certains, après avoir essayé diront peut-être :

- « *Oui, d'accord je comprends le concept, mais j'ai beau essayer, cela n'est pas facile et j'ai beaucoup de mal à me concentrer. La vie, sa difficulté, le manque de temps et l'environnement me font perdre le fil, oublier ce que je dois faire, d'ailleurs je n'ai aucune idée de comment il faut faire réellement.* »

A cela nous pouvons objecter que la concentration est un focus, un focus nous est utile lorsque l'on souhaite isoler une cible. Ce n'est ni la cible qui est le but, ni le but qui est la cible, mais le chemin qui y mène. Laissons tomber le but et la cible. Il suffit d'observer, de voir nos pensées et regarder avec discernement, sincérité, sur quoi elles s'appuient, conscient de sa propre nature, de ses propres qualités et défauts dans le mode de penser, sans jugement, juste un pur observateur, pas tant d'hier, même si la réflexion doit être effectué pour le check-up, mais un pur observateur de maintenant, une méditation permanente. Personne ne verra cela, juste le MOI. Comme nous l'avons approché précédemment, nous sommes sur un chemin double et comprendre qu'une partie de nous suive, pour survivre, un flux extérieur est une chose, mais une autre partie de nous doit suivre, pour vivre, un flux intérieur. Nous avons effectivement une partie mécanique qui nous est bien utile pour conduire une automobile, mais elle ne doit tout simplement pas être NOUS, ou autrement dit, nous représenter. Le « *Soi latent* » n'est pas un inaccessible, il est là depuis toujours, nous le sentons lorsque nous faisons de l'espace. C'est précisément cette partie de nous qui va reprogrammer le « *serviteur* », nous n'avons rien à faire de ce côté-là, cela se fait tout seul. Le simple fait de s'observer, sans jugement, sans attente, sans prétention ni objectif EST LE TRAVAIL qui ajuste notre boussole sur le « *vivant* ». Il faut être patient et persévérant. Ce qu'il faut comprendre ici, est que l'intention et la volonté qui doivent s'inscrire, non pas dans un ordre ou une demande, mais être le prolongement d'une compréhension, sont la clef de voûte de notre avancement. Ce ne doit pas être une punition, cette formule d'observation suit un chemin intérieur qui n'est dirigé par personne, alors la punition de nous concerne pas. Le challenge devient notre capacité à comprendre ces aspects de nous, ainsi que les lois de la vie. Ces lois ne sont par ailleurs pas celles que l'homme a écrit dans ses sociétés… Ces lois ne peuvent être inscrites car la vie est un mouvement, jamais nous ne pourrons capturer deux fois la même vidéo de la nature. Toutefois il est vrai que quelques écrits pointent du doigt la direction, mais cela se trouve encore en des termes que la pensée veut saisir mais déforme par son besoin de posséder la vérité. A quoi bon vouloir courir sans savoir marcher ? Il n'y a pas de méthode pour se comprendre et si quelqu'un veut l'écrire, c'est obligatoirement la sienne. Si nous suivons la méthode d'un autre, nous nous enfermons dans ce que nous avons compris de sa méthode. C'est pourquoi même si nous suivons la direction, l'exploration reste une affaire personnelle, l'observation de Soi est importante, c'est elle notre guide suprême.

> *« Alors nous pouvons choisir de faire un acte religieux, en ne remettant pas notre responsabilité dans les mains d'un autre que Soi ».*

Nous abritons des milliards de milliard de particules quantiques, nous sommes nous-même abrité dans une immensité cosmique. Nous observons que l'eau qui compose nos organes est soumise aux règles de la conscience pensée. Nous accordons plus d'importance au fait que l'humanité dont nous faisons partie, peut et doit élever sa pensée, car elle est agissante. Nous voyons que plus nous avançons sur ce chemin, plus il est insoutenable que notre « *serviteur* » mène la danse. Nous percevons progressivement ce qu'il dirige, notre aspect lunatique et bien d'autres choses. L'information qu'il a accumulée sous forme d'images comme un ordinateur qui stocke des photos, provenant de différentes sources. La vie veut que nous apprenions, l'enfer et le paradis sont l'image de l'ombre et de la lumière qui sont en nous au temps présent, présent qui est infini, pas une destination future, dogmatique, mais un fait. La colère, la haine, sont mémoires et pensées, ils sont l'enfer présent et l'enfermemement aussi de celui qui les vies. L'amour, la joie, quand nous en avons, ne se pensent pas, ne sont pas non plus répétable car nous n'avons aucun contrôle sue eux. Ils sont ou ne sont pas, mais quand ils sont, ils sont paradis. Pour qu'un sens, un lien s'établisse entre spiritualité, civilisation et expérience de vie personnelle, une synergie doit se produire dans notre structure mentale une » résonance du Soi incarné ». Il s'agit de s'inscrire non seulement dans une évolution de notre être, mais aussi bien au-delà, dans une réalité qui nous dépasse, car nous sommes ici avec la matière, pour évoluer le nous conscient dans sa quête et celle de cet infini mouvement. A un moment de son existence, l'humain prend conscience de cette dimension. Il se réveille ou comme l'on dit il s'éveille. Et oui, l'éveil n'est rien de complexe, ni même une chose perchée je ne sais où.

Il est prouvé que nous passons beaucoup trop de temps dans un temps hors du présent, ceci est représenté dans le schéma en page suivante par la pollution au centre du mental bas. A chaque fois que l'on réfléchit à autre chose que ce que nous sommes en train de faire, à chaque fois que notre pensée est ailleurs, en arrière-plan de notre action, nous perdons le contact au « *vivant* ». La spontanéité agit lorsque l'on est dans ce « *vivant* ». Il ne faut pas la confondre avec les réponses dualistes spontanées qui sont pilotées par le « *serviteur* » et l'ego dans le mental bas. Les deux schémas qui suivent proposent sous forme visuelle l'idée d'un apprentissage. Nous allons y trouver la place d'un mental bas et d'un mental haut, du « *serviteur* » qui demande tout, du « *Soi latent* » qui ne demande rien, mais qui attend que la porte s'ouvre pour que l'espace soit enfin. Je vous invite à le regarder du bas vers le haut c'est-à-dire du « *mental bas* », vers le « *mental haut* ».

Le « *serviteur* » est positionné au centre du cercle du mental bas. Il faut comprendre dans ce tableau que lorsqu'il se prend pour nous, sur le long terme, il nous enferme dans un vase clos.

Schéma 1 pour visualiser.

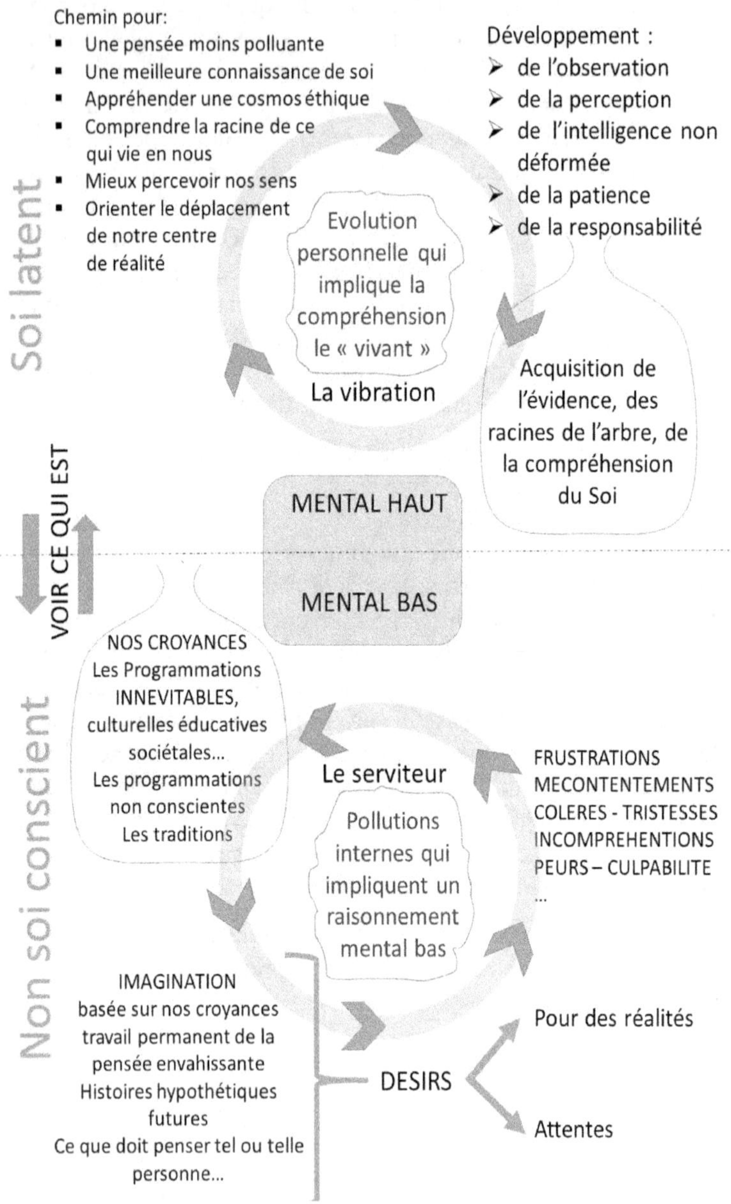

38

Schéma 2 pour visualiser.

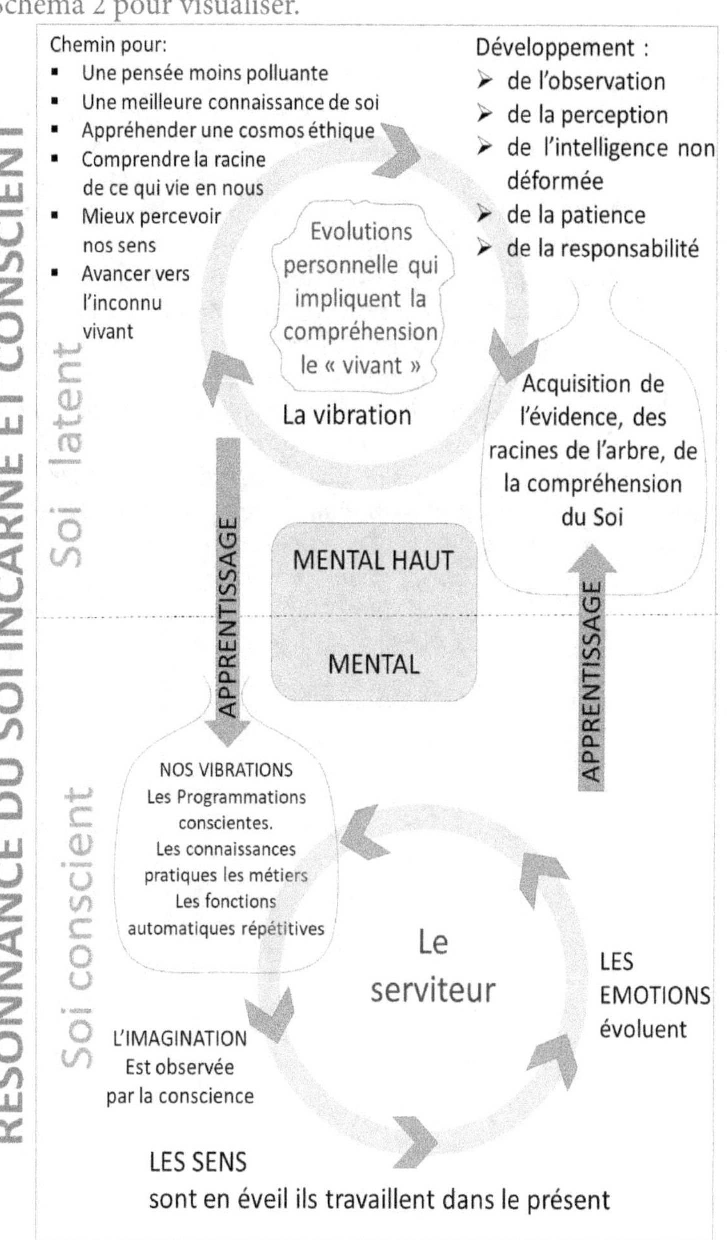

En résumé : Nous sommes nos pensées, un flot incessant d'informations qui circulent en permanence dans ce que nous appelons nous. Elles circulent aussi dans ce soit disant vide qui nous entoure. Elles sont énergie et forces agissantes. Intrication quantique, expériences des fentes de Young, l'évidence est là, non seulement l'observation agit sur la matière, mais en plus la matière s'organise et s'intrique dans le quantique. L'observation d'une particule oblige celle-ci à faire un choix sur sa position et sa vitesse ! L'eau qui nous compose à 80% est un encodeur d'information et d'émotion. Penser n'est pas un principe isolé, penser est un acte qui agit sur la vie au sens large, à une échelle cosmique. Pourtant nous avons beaucoup de mal à sortir de la pensée envahissante, hors du contrôle. Elle, lorsqu'elle n'est pas observée par une conscience lucide, nous plonge dans les histoires hypothétiques, les attentes, les dualités, les désirs et les frustrations… L'observation de Soi n'est pas une punition quand elle est lucidité. Elle est, découverte du vivant, incluant ce que nous sommes. Elle est, éveil ou » résonance du Soi incarné » Notre vrai chemin.

Chapitre 6

Le « *non Soi conscient* » ou sujet pensant trop dans le bas mental, établi son comportement en s'appuyant sur le conditionnement inévitable dont il est issu. La pensée rentre dans ce jeu et raisonne dans cette boucle, les sens et les émotions sont en proies à ce phénomène. L'imagination qui nous transporte et qui est présente dès notre plus jeune âge, se prolonge avec une partie basée sur l'intoxication sociétale et nous plongent dans des mondes qui deviennent une réalité dualiste, faite de désirs, de buts, de croyances et d'enfermements. Cela accroisse le pouvoir du moi et de la pensée qui occupent tout l'espace, recouvrent le « *vivant* » extérieur et intérieur. Le « *non soi conscient* » devient nous-même avec la mention «je pense donc je suis ».

Le « *Soi latent* » est quelque chose en plus, qui non seulement est déjà présent, mais l'a toujours été. Ce sont pour des raisons inconnues qu'il apparait plus ou moins à la conscience. Bien que parfaitement rattaché, il a son intimité en dehors du corps des émotions et des sens. Il attend que la porte s'ouvre. Il n'y a pas de règle quant à son éveil, il n'est par ailleurs pas non plus endormi, nous dirons qu'il n'a tout simplement pas d'espace. Pour certains il a eu une place toujours plus grandissante, pour d'autres il émerge suite à des circonstances.

» *La résonance du Soi incarné* » est une compréhension nouvelle qui s'ouvre à nous. Elle donne une autre dimension et un autre rôle à notre libre arbitre, nous sommes davantage en mesure de prendre de la hauteur sur notre propre existence. Nous commençons à accepter qu'il y ait une beauté cachée, même pour ce qui a le goût et la couleur de la fatalité ressentie par le « *non Soi conscient* ». Elle est l'esprit, l'intelligence, le conciliateur ou le chef d'orchestre qui réunit le « *non Soi conscient* » et le « *Soi latent* » sur un même axe et permet qu'un travail d'apprentissage puisse nous ouvrir à la compréhension de Soi, à l'inconnu. Cet inconnu n'a ni intérieur, ni extérieur, au même titre que l'espace auquel nous allons souvent faire référence. Elle va faire aussi en sorte que les choses tournent bien, un peu comme l'axe de la terre, tout en suivant le mouvement d'une perception dont les contours limitatifs s'effacent peu à peu.

S'observer dans une » Résonance du Soi incarné ».

Nous sommes en permanence confronté à la notion du juste, de ce que la responsabilité veut dire, implique (Voir Chapitre8). L'évolution de la conscience, le mouvement, nécessitent qu'une réévaluation permanente soit engagée. Mais nous voyons qu'elle est possible seulement ou il y a du sens pour nous, de la compréhension. La compréhension ne nécessite pas toujours qu'il y ait, ou qu'il y ait eu expérience vécue. Mais nous avons le besoin d'une validation intérieure et l'observation est un outil puissant. Pourtant, parfois nous n'avons pas conscience du chemin erroné, que l'on a pourtant pris. Ou bien ce chemin était-il indispensable, car le conseil ou l'explication ne nous aident pas, ne nous suffisent pas non plus. Dans ce cas, c'est en traversant l'expérience que nous apprenons ou en les retraversant jusqu'à ce que l'on assimile aux plus profond de notre être, ce que nous avons à comprendre. L'univers est infatigable et il va nous y confronter au-delà de l'imaginable si nous sommes sourds à cet appel et c'est à travers ce processus que la vie délivre son message.

Le quotidien peut-il toujours être vécue dans le « *vivant* » ? Nous sommes confrontés sans cesse à toutes sortes de situations, de la plus tranquille à la plus débordante, déroutante. Nous sommes en cela facilement diminués à une observation incomplète, voire inexistante sous cette pression ressentie. Même si nous sommes de plus en plus attentif, éveillés au phénomènes intérieurs et aux mouvements extérieurs, il n'est pas facile, évident, de le maintenir, car la pensée nous fait rentrer dans son tunnel à la moindre occasion. Les habitudes et les peurs sont tenaces. Pourtant, nous savons petit à petit mieux faire la différence et nous constatons avec force que, allégés de la pensée qui recouvre, nous sommes dans un état qui englobe et embrasse autant un bien-être qu'une clarté, comme dans l'œil d'un cyclone. Au centre il y a ce silence, au dehors il y a la pensée envahissante. Pas le silence sans le bruit de l'extérieur ou sans actions ni mouvements, nous parlons du silence qui fait présence lorsque la pensée qui recouvre lâche sa proie. Alors selon nos états d'être nous allons voyager entre le centre et le dehors pendant un temps non définissable, car cela ne dépend pas de la volonté ni de l'acharnement, mais des subtils effets de l'observation. Nous comprenons que l'observation n'est pas la pensée et nous savons qu'elle agit sur la matière, en tous les cas dans le quantique. Nous constatons bientôt que dans le silence, nous savons agir en paroles ou en actes. Nous observons cela, alors quelque chose en nous ressent ce besoin de lui donner plus de place. Les buts et les conditionnements sont une menace pour ce silence, car ils appellent la pensée et son tunnel. Dans le tunnel, surgissent beaucoup d'émotions intérieures qui bouleversent notre intimité, pour atteindre ensuite notre corps tout en renforçant un besoin urgent de trouver une solution qui ne fait qu'augmenter la pensée et le tunnel. Alors que dans le silence, nous y ressentons se dissiper, s'évanouir les émotions, les ressentis. Toutefois, la vie nous oblige à agir en permanence, elle nous confronte. Mais les choses deviennent peu à peu différente, il semble y avoir du nouveau en nous. La définition du mot responsable s'ajuste différemment. Et bien que nous avons plus de facilités à agir sans choix, sans réelle confusion, nous ressentons parfois et a posteriori de la contrariété, de la peine ou en tous les cas une émotion qui surgit face à ces nouveaux agissements. En observant à nouveau, il nous apparait que notre modèle change et qu'il est en contraste avec nos vieilles habitudes car nous voyons le faux du vrai et le vrai du faux de celles-ci. Une des explications que nous pouvons avancer avec certitude est qu'il y a un chemin pour apprendre à se respecter, et ce chemin n'est pas toujours en accord avec notre conditionnement. Il y a là un lien direct avec notre conscience pour ensuite redescendre vers nos cellules. Là, quelque chose finit par arriver… par se produire. Car si l'environnement intérieur change, la cellule aussi (Voir Chapitre 4). La vie nous met face à un processus et je vous propose de regarder cela de manière très positive. Le choc entre l'esprit et la matière fait vivre et grandir la conscience. L'expérience est, le choc qui a été créé par les lois de la vie, afin que la conscience apprenne. La pensée doit cesser d'accaparer l'espace en jouant le futur sur du passé, ou chercher la solution du problème qu'elle a créé et ainsi de suite. Bien sûr elle doit jouer son rôle pour apprendre un métier pour programmer demain, piloter ce qui touche à nos besoins, nos nécessités, un voyage et toutes les choses techniques. Mais concernant le mouvement présent, qui porte sur nos actions, sur le respect de Soi, comprenons qu'il doit en être autrement. C'est le rôle de la » résonance du Soi incarné conscient » qui met en œuvre tout son art pour que « *l'action sans choix* » puisse être amené dans son contexte avec respect et équilibre. Ce principe « *d'action sans choix[1]* » n'est constructif que s'il y a lucidité de Soi, détachement, sensibilité et totale attention. Tout est en mouvement, rien n'est fixe. Un but fixe, une idée fixe n'a pas de sens pour « *ce qui est* ». L'observation de « *ce qui est* » et la spontanéité ne peuvent exister lorsqu'il y a le but fixe. C'est pour cela que ce n'est pas le but qui est la cible, mais le chemin. Avancer vers l'inconnu est terrifiant pour la pensée qui a tellement l'habitude de l'analyse, de l'action minutieusement préparée. Son rôle doit être observé, car s'il est bien sur celui de penser à tout ce qu'il se passe, il ne peut en outre être celui de maîtriser l'avenir, sauf bien sûr sur la partie technique comme nous l'avons vu. Ainsi évolue l'être, sa conscience, son corps et ses cellules, l'esprit, notre cosmos et chaque particule qui le compose non plus dans la pensée, mais dans le « *vivant* ». Comme dans une danse sensitive faisant ainsi parti d'un tout intriqué, relié en tout, sur un axe présent.

*En résumé : La vie de tous les jours nous happe dans son tourbillon, dans son mécanisme. L'univers veut que nous apprenions, alors tiraillé entre les deux, nous avons besoin de sens, le sens qui donne « **vibration** » à notre regard, à nos actes. Ce sens permet qu'un travail d'apprentissage puisse s'initier en nous, avec humilité et indulgence. La compréhension de notre construction, « **non Soi conscient** », « **Soi latent** » et » résonance du Soi incarné » permettent à notre libre arbitre d'agir avec plus de discernement. Ensuite, l'observation puis progressivement le silence peuvent avancer sur ce chemin qui facilite un détachement certain du but, du désir, de la peine, de la frustration et de tout le reste. Même s'ils demeurent, leurs valeurs changent peu à peu. Nous n'avons aucune maitrise sur les éléments de la vie, personne n'en a, mais nous observons avec discernement et toujours plus de sur-*

---

1   *Action sans choix: action immédiate qui se pose d'elle même, favorisée par* «*l'intelligence*»

prise que nos cellules, notre conscience, la vie, les lois de l'attraction et d'autres fait que nous allons développer ont un lien fort bien au-delà de nos limites intellectuelles.

Aux frontières du corps, de la conscience et de l'esprit.

« Nous sommes reliés à quelque chose d'intemporel, comme par une porte, cet espace est ailleurs, ailleurs que dans la pensée dévorante, ailleurs que dans notre cerveau, il est au-delà des frontières et fait de nous un voyageur».

L'Homme tel que nous le connaissons aujourd'hui, avec sa conscience, semble s'être toujours posé cette question sans pouvoir y répondre. Que sommes-nous ? Qu'y-a-t-il après ? Il peut se poser deux questions.

L'œuvre du hasard ? :

Certains matérialistes pensent qu'il y aurait des millions d'univers qui ont été créés par des phénomènes cosmiques comme le big-bang et que le hasard a fini, à force de multiplicité, par créer un équilibre dans l'un des espaces, notre galaxie. Que la vie s'allume puis s'éteint pour laisser la place à d'autres systèmes qui seront plus résistants et que l'évolution réside dans un rapport de circonstances, de force et de cause à effet.

L'oeuvre d'un créateur.

Les cristaux de neige sont tous différents, mais ils ont tous six branches.

Le nombre d'or, également connu sous les termes, Phi ou suite de Fibonacci est présent partout dans la nature, la faune, l'humain et le cosmos.

Le nombre   Galaxie   Nautilus

Le tore est une forme géométrique, un champs d'énergie visible à l'infini dans l'univers, l'univers est une immense usine à tores.

Tore de l'atome   Tore de la terre   Tore de l'humain

Tout cela suit une règle, une loi définie, nous sommes au sein même de cela. Alors quel est le concept aléatoire, résultat du hasard, qui peut produire une telle empreinte sur tout ce qui nous entoure, nous habite et que nous nommons Vie ? Alors hasard, peut-être… mais s'il joue un rôle, il ne semble pas que ce soit celui de la première place.

A la question, que sommes-nous et qu'y a-t-il après ? Il est prudent d'admettre que l'homme n'aura pas encore sa réponse…, en tous les cas de manière claire et irréfutable et de toutes façons, seule la pensée cherche cette réponse. Le fait-elle pour sa connaissance, par peur, pour les deux ? Dans tous les cas, nous sentons dans notre for intérieur que quelque chose nous dépasse, alors nous saurons reconnaitre cela, nous saurons reconnaitre qu'il faut se libérer de l'affirmation et de la recherche d'une réponse ou d'un refuge qui rassure. Tout peut être observé puis jugé ou-bien observé simplement. Alors nous avons la science avec son développement post-matérialiste, la recherche toujours plus active, la centralisation des informations (métadonnées). Elles ouvrent des approches. Ces approches donnent soit des pistes très claires, très détaillées soit très surprenantes. Nous avons notre investigation pour faire tomber les murs de notre conditionnement. Mais soyons attentif a ne pas sortir d'un schéma de croyance pour en pénétrer un autre. Dire que ceci est faux ou dire que cela est vrai expriment tous les deux que c'est fini, cela revient à dire n'en parlons plus et restons dans la croyance confortable et sécurisante qui nous habite. N'est-ce pas une petite mort ?

La recherche, OBE/SHC, EMI.

Prenons les résultats de chercheurs, journalistes spécialisés [2]et scientifiques sur les EMI (expériences de mort imminentes) sur les OBE[3] (out of body expérience ou SHC Sortie hors du corps). Il existe une littérature immense qui a été produite sur le sujet,

---

2   *Pierre Jovanovic, Journaliste, Livre: Enquête sur l'existence des anges gardiens*
3   *Nicolas Fraisse Exemple de personne suivi par les scientifiques chercheurs Claude Charles Fourrier et Sylvie Déthiollaz sur les sorties hors du corps.*

journalistes passionnés, chercheurs, docteurs... Même si certains peuvent avoir des difficultés avec le terme « *dé-corporation* », des études de cas dans le monde entier, nous invitent à considérer ces choses, à ne pas nous fermer. Toutes ces personnes qui ont vécu des états de consciences modifiées, EMI, OBE ne se connaissent pas entre elles, pourtant elles disent toutes la même chose, ont eu des visions similaires. Étrangement, elles disent aussi qu'il manque à leur moyen d'expression des mots, des sensations. Quelque chose manque ou n'existe pas dans notre vocabulaire, rien ne semble à la hauteur pour qu'elles nous expliquent, nous décrivent les faits de ce qu'elles ont ressenti comme l'on peut décrire un arbre. L'idée d'une expérience multidimensionnelle ne peut pas être écartée si facilement. Il n'est pas question de trouver un refuge et de mettre une ceinture de sécurité parce qu'un jour nous seront face à l'inconnu. La vie et la mort ne sont pas séparées, car l'une ne va pas sans l'autre et comme nous ne savons pas si le contraire est juste, nous avons peur de la mort. Nous avons indéniablement peur de l'inconnu. Notre pensée et son fonctionnement ne semblent pas être à la hauteur pour établir quoi que ce soit de sécurisant. N'est-ce pas elle-même qui cherche la sécurité par sa peur de l'inconnu ? Les religions ont toutes leurs approches sur la manière dont nous devrions sauver nos âmes, promettant ainsi une sécurité face à l'éternel. Beaucoup de croyances différentes sont visibles chez l'être humain depuis des millénaires. Quelques 10 000 religions ont été recensé dans le monde. Le concept de vie après la mort ou de « *vie après la vie* [4] » sont des sujets de considération qui ne sont pas seulement développés par le seul domaine religieux, car tous les philosophes, chercheurs et scientifiques ont aussi depuis longtemps beaucoup écrit sur le sujet. A la mort est associée la souffrance qui nous terrorise tout autant. N'est-ce pas parce-que nous vivons la souffrance tout au long de notre vie que nous y sommes sensibles ? Nous la vivons de l'intérieur et nous la voyons à l'extérieur, par les médias, les voyages, les situations. Les souffrances nous habitent ainsi que les colères, les désirs les frustrations l'ego et les peurs comme si cela était un seul et même bloc fragmenté

---

4 *Raymond Moody Docteur en philosophie et médecin américain Livre: La vie après la vie*

en différents aspects. Aucune cachette n'est possible face à cela. Demander l'aide ou la protection que nous souhaiterions auprès d'instances supérieures, bien que parfois utile et nécessaire pour nous apaiser, nous réconforté, n'est pas une observation intérieure mais une demande. Rien n'indique que renier cet aspect soit une chose à faire ou pas, mais nous pouvons quand même réguler un peu notre côté puéril. Parler, demander sont des attitudes libératrices et utiles mais cela est-il suffisant ? Aux observateurs de vérité de répondre en eux à ce fait, pas sous forme de réponse et de conclusion, mais à travers la méditation, alors méditons, méditons encore, ne renonçons plus à créer de l'espace pour nous observer, nous découvrir, il y a quelque chose de lumineux en chacun de nous, qui apprend et évolue au fil de ses ressentis. Esprit et matière, ouvrent la conscience. « ***Non Soi conscient*** » et « ***Soi latent*** » ouvrent » La résonance du Soi incarné ». Le pôle Nord et le pôle sud forment l'axe qui fait tourner la terre. Le plus et le moins ne s'annulent pas, ne sont pas les opposés que l'on pense, mais un mouvement dans lequel nous devons agir. Cette vérité existe en nous et autours de nous.

La vie de chaque être sur terre a son sens propre et commun, l'évolution de l'humanité fait que tout commence d'une programmation environnementale inévitable. Ce socle représente aussi bien les bases d'une sagesse que la barrière qui empêche la sagesse, car aucune forme de pouvoir faisant partie de la programmation sociétale ne pourra créer les étapes d'harmoniques. Pays, pouvoirs, sectes-religions-gourou n'ont fait que divisions, guerres contre l'autre, guerre en Soi, les frontières, les désirs et les buts en Soi en sont aussi. L'humain doit être conscient des ressemblances entre intérieur et extérieur pour se changer lui-même et pour cela il doit être libre dans son for intérieur, libre de dogmes et de leurs règles, libre de pressions mentales qui influencent, libre de se voir tel qu'il est sans être son propre terroriste. Tout ceci ne nous exclut pas des règles et des lois de notre société qui doivent être respectées. Mais ces lois ne nous empêchent pas cela, car personne ne peut voir cela. La machine répète, le clonage répète. Cette avancée personnelle est simple, saine, c'est nous que nous regardons, « *Nous* » n'existe pas dans la comparaison avec un autre, qui est ou n'est pas, qui a ou n'a pas quelque chose de plus ou de moins que « *Nous* ». Se comparer, vouloir ressembler à autrui, suivre par croyance, revient à vouloir vivre la vie écrite, la vie de l'autre, prendre le chemin de l'autre et malheureusement perdre le sien. La pensée qui recouvre ne vit pas, elle enferme... Alors pousser cette porte, c'est laisser entrer cet espace, ce « *Vivant* ». Quelque chose se passe, où la croyance devient caduque, non personnelle, superficielle, un rayon de soleil vient réchauffer notre atmosphère, est-ce la Foi en « *Nous* » ? Oui, peut-être, car quelque chose doit porter la « *vibration* » qui habite notre être, quelque chose d'inébranlable en « *Nous* » doit le faire. Au-delà de l'obstacle, au-delà du mental, au-delà d'une soi-disant intelligence intellectuelle. La foi en Soi permet de poser le pied en terre inconnue, au-delà de la mémoire qui est le connu.

En résumé : La nature et le cosmos, nous montrent qu'il y a bien une structure divine dans l'univers, les tores, les cristaux, le nombre d'or... Nous voyons que le hasard n'a pas la première place, ou l'on dit qu'il fait bien les choses ! Nous semblons être le seul à pouvoir répondre à la question : au fond de nous, que sommes-nous ? Il y a tant de recherche sur les Expériences de mort imminentes, sur les sorties hors du corps que nous pouvons sentir être plus que des cellules agitées d'impulsions électriques et chimiques. Alors, ou commence et ou fini notre expérience de vie ? Ce que nous vivons, nos joies, nos peines, nos difficultés, nos réussites sont-elles dénuées de tout sens ? Non, l'exploration de Soi en premier lieu, des connaissances actuelles et le puzzle que l'on peut en faire, sont la voie du contraire. Mais pour cela, nous avons besoin de trouver notre propre liberté intérieure, à travers cette observation permanente, pas en suivant un gourou, un dogme ou une loi écrite, mais en s'observant, en voyant le vrai, conscient du faux dans le vrai et vrai dans le faux, nous ouvrons une porte, un chemin...

Chapitre 7

Tout d'abord, qui peut prétendre expliquer de manière juste, ce qui est juste et ce qui ne l'est pas ? Encore une fois, il n'appartient pas à l'homme, aux parents proches ou éloignés, ou à l'ami de définir cette notion, mais il lui appartient d'observer ce qui se trouve dans sa sphère de perception pour arpenter ce chemin. Dans les relations, nous pouvons être attentifs à ce que nous voyons en nous, ce que nous ressentons. Nous pouvons ensuite le partager pour qu'un échange existe, pour qu'une fluidité prenne place et que s'écoule d'éventuelles tensions. Mais là encore, ces pistes sont le propre de chacun et sont à valider par l'expérience personnelle, l'unique voie d'évolution. Si je dois m'auto-définir une vision du juste, ce sera en me disant que je dois la trouver en moi et que pour moi il est juste de m'expliquer que » la résonance du Soi incarné conscient » m'y aidera. Nous avons souvent l'habitude, ou même le besoin que notre juste soit apprécié, validé et applaudit par les autres. C'est la reconnaissance, comme si cela était un bien fondé des raisons qui justifient notre démarche. De la même manière, tantôt nous nous laissons convaincre, tantôt nous cherchons à suivre quelque chose, un but, une ambition, une nécessité, une personne, une idée, une quête, une passion, une Foi … Mais bien qu'une direction doive t'être défini par nous, est-il possible d'être quelqu'un sans ne jamais rien suivre d'autre que les pas qui éclairent notre chemin ? Juste en étant responsable dans le sens de quelqu'un qui s'applique à un plus de clarté avec les autres, dans le respect de Soi ? Dans nos échanges avec nos semblables, famille, amis, collègues de travail, proches ou élargis, nous sommes tous confrontés, à différents niveaux, à des sentiments très variés selon la proximité affective ou la hiérarchie. Nous pouvons vouloir le meilleur en étant aimant, aidant, attentionné, à l'écoute, compréhensif ; et même en faire trop en étant intrusif, exigent, curieux, déplacé, directif. Nous pouvons être écrasant ou écrasé, nous pouvons être dans le « *non Soi conscient* » qui perd un contrôle certain, submergé par ses émotions et ses désirs ou dans la » Résonance du Soi incarné » attentif et observateur de lui-même et de la situation, cherchant à poser l'action juste. Mais quoique nous fassions, la question semble venir sans cesse : Ce que nous faisons est-il juste ?

A un certain niveau de questionnement, nous ne savons pas déterminer de manière certaine ce qu'il faut faire, dire ou pas. Nous sommes capables de remettre en question tout et n'importe quoi car nous avons souvent une notion personnelle de ce qui est juste, une notion arrêté, fixe. La pensée, aussi structurée et belle soit-elle, n'en est pas moins mémoire. Et la mémoire personnelle n'est pas le « *vivant* » ... Qu'est-ce qu'une notion personnelle du juste ? C'est une notion attachée à « *l'image du Soi* » (voir Chapitre 9). Lorsque nous avons commencé ce travail, celui de regarder nos pensées, nous voyons bien à quel point notre cerveau peut être un sacré foutu blagueur !! Il peut avoir le culot dans son intimité, de raconter n'importe quoi, allant du conte de fées aux idées les plus saugrenues. Il suffit de s'écouter parler dans sa tête pour le voir !!! C'est ahurissant parfois. Alors pour mieux éclairer cette notion du juste, nous pouvons ajouter une nouvelle composante, celle de notre ego. Nous pourrions regarder ici l'ego sur deux aspects, l'ego haut celui qui se surestime et l'ego bas, celui qui se sous-estime car tous deux sont des perturbateurs.

Le juste et l'ego.

    《   *« Ego » définition : sujet pensant, le moi.*

Je souhaite indiquer pour une meilleure compréhension que l'ego a sa place en tant qu'acteur actif dans chacun des « *Soi* » qui sont présentés. Le « *non Soi conscient* » le « *Soi latent* » et » La résonance du Soi incarné conscient ». Mais si nous laissons l'ego raisonner dans le « *non Soi conscient* », nous comprendrons que le rôle qu'il va jouer et celui du mental bas. Par conséquent, dans la démarche du juste, nous devons regarder si nous ne faisons pas l'erreur de l'aide ou de la réponse par l'ego mal placé. Sur la même analogie, il est surprenant mais possible de se voir faire une réponse ou d'avoir une discussion qui a pour but de justifier nos paroles, nos actes passés, ou à venir ; de donner un conseil qui en fait s'adresse plus à nous-même qu'à l'autre. Alors nous n'avons pas vu que les autres sont souvent des miroirs de nous-même et celui que nous voulons aider et conseiller est peut-être nous, pas l'autre, pareil pour la réflexion ou le reproche que nous savons faire. Le reproche est une formule souvent utilisée et nous pouvons l'apparenter soit à la notion de l'aide exprimée dans sa distorsion, soit au fait que nous entretenons une situation qui nous fait déborder sur le reproche. Il s'agit encore une fois de « *l'image du Soi* » et du « *respect de Soi* » (Chapitre 9)

> *« Nous comprenons que le juste ne doit pas être déguisé, car dans ce cas, il est contre-productif, il ne sait pas encore bien définir ce qu'est le respect de Soi. »*

Le juste et les comportements.

Pour éclairer une autre région de nous, bien que ce ne soit pas la plus valorisante, nous pouvons regarder les comportements et les émotions basses telles que la colère, la haine, la méchanceté, le narcissisme, la manipulation, l'égoïsme... Sans compter qu'ils peuvent aussi se cacher dernière une belle action.

Les émotions basses sont vectrices de divisions et génèrent toutes sortes de dualités. Elles sont à la fois une réponse à une situation et un mode d'expression. Mais entendons qu'elles cachent un conflit intérieur car les comportements appartiennent à ceux qui les expriment. Certes une situation particulière a pu les déclencher, et nous reportons instinctivement le problème vers l'extérieur, mais les émotions n'en sont pas moins à celui ou celle qui les manifeste car elles sortent de nous. Elles sont parfois une réponse à une « *attaque* » mais cela ne les justifient pas pour autant. Elles cachent quelque chose qui est en nous, voire caché de nous-même. Cela ne veut pas dire qu'il faut rester stoïque à toutes situations car il y a cette notion de respect à Soi qui est importante, mais elle appelle un mouvement, un art qui n'a rien à voir avec les émotions basses. Nous avons besoin de nous faire entendre ou d'indiquer à l'autre ce pourquoi il faut trouver une solution, mais il s'agit de communication posée, qui permet d'exprimer nos ressentis à temps. Face aux personnes dépendantes de leurs émotions basses il est difficile de résister, de ne pas rentrer en dualité. Mais rentrer en dualité, c'est-à-dire répondre par la même « *vibration* », nous montre que nous sommes porteurs du même gène, de la même maladie. Cela induit que nous nous cachons cette vérité. Lorsque l'on prend la colère comme exemple, nous pouvons dire, je suis colérique de nature et cela indique qu'il n'y aura pas de changement. Nous pouvons aussi dire, je suis colérique mais la prochaine fois je ne le serais pas et cela n'indique pas plus qu'il y aura changement, car la prochaine fois est un futur, et la vie se vie au présent. Alors je peux décider : je peux décider que je ne suis pas colérique, cela est un changement d'état qui existe dans le présent et le présent existe toujours. Alors bien sûr, la colère doit être comprise pour cela, sinon c'est l'implosion tôt ou tard. Il faut comprendre ses raisons, ses racines, les dégâts intérieurs et extérieurs qu'elle produit et ainsi de suite jusqu'à l'instant ou tout cela devient d'une telle évidence que dans la situation, l'action se pose d'elle même sans que la colère ait le dessus. Cette action peut être soit silence soit mouvement, peu importe, mais l'important pour nous est d'utiliser une nouvelle forme de communication.

« Nous comprenons que le juste ne peut pas non plus être une réponse facile qui consiste à répondre à une vibration basse par une autre vibration basse. »

En lieu et place de la colère, une intelligence doit faire face à ces situations difficiles et nous devons faire confiance à notre intuition, elle est pleine de ressources ! L'ego qui raisonne dans le « *non Soi conscient* » nous dira le contraire, mais nous en avons déjà parlé, alors l'ego doit changer d'étage. Il doit regarder du côté du mental haut, apprendre que la patience et la persévérance peuvent lui faire retrouver un équilibre, car le temps fait aussi son œuvre.

Le juste et le subtil, les limites.

Aider est une chose naturelle, pourtant nous pouvons faire une distinction utile en disant qu'Aider est différent de chercher à aider ou bien d'aider en ne voyant pas la contre productivité de l'acte. Il y a des situations qui se présentent à nous et qui sont propices à ce que l'on prête main forte, aide, entre-aide ou échange, mais il faut toujours garder un discernement. Il y a aussi aider dans le sens ou rien ne nous y invite, mais nous en avons la recherche par image de soi ou conditionnement. Nous aspirons tous à faire quelque chose qui s'inscrive dans cet acte d'échange humain, mais nous devons aussi considérer que vouloir aider peut aussi et de manière insinue, être intrusif et anti-évolutif pour l'autre ou destructeur pour nous. Alors sommes-nous conscients du mot limite, avons-nous la lucidité du Soi ou suivons-nous « *l'image du Soi* » ? Ces questions sont prioritaires et nous les développerons dans le chapitre suivant. Ensuite, nous le savons, il existe tellement de choses qui peuvent être faite en ce sens d'aider, que prendre des exemples reviendrait à être réducteur et comme nous l'avons dit, ce sont les situations et notre bon sens qui font que cela est opportun ou pas. Il y a parfois dans le « *ne rien faire* » le « *ne rien conseiller* » la meilleure des aides. Lorsque nous mesurons les limites de l'aide, que faire pour l'autre revient à faire à sa place, parler à sa place et empêche l'autre de se mouvoir dans son propre environnement. Nous avons la notion d'être, être ce qui représente une valeur à nos yeux par nos actes et nos comportements. Sur le long terme, nous pouvons mieux nous connaitre, car nous sommes, rien ne sert à le dire, nous en incarnons la valeur et nous apprenons aussi peu à peu la limite. Alors être dans son quotidien signifie être en paix avec Soi, être son propre exemple silencieux et cela s'exprime en Soi comme « *vibration* » douce, chaude, aimante, une valeur, non une manifestation de l'ego. Nous avons le savoir écouter, car porter une attention totale est un acte sain qui prend place avec l'observation. Cette sensibilité nous ouvre à comprendre quelque chose d'important. Bien sûr que faire bouger les lignes intelligemment, secouer un peu le cocotier, utiliser l'humour, expliquer de manière claire un aspect technique maîtrisé grâce à son avancement dans le domaine, peut s'avérer être un support aidant pour l'autre ou les autres. Mais l'on est en quête d'évolution dans ce que l'on appelle le chemin du juste, l'humilité semble être le bon allier intérieur.

« Nous comprenons que le juste ne peut pas non plus être une réponse catégorique, mais qu'il est subtil. »

Le juste et les autres règnes.

Nous avons regardé ensemble cet aspect dans le contexte de nos semblables, famille, amis, collègues de travail, proches ou élargis, mais nous pouvons aussi faire un tour du côté des autres règnes, minéral, végétal et animal. Peut-être peut-on penser : que vient faire le juste dans ce contexte ? C'est vrai que certains aspects de ce qui nous entoure peuvent revêtir une importance mineure, une non priorité. Mais la sensibilité ne doit pas être refoulée au dernier rang, elle doit être écoutée, prise en considération dans un accord intérieur. Nous avons observé que nous sommes tous constitué des mêmes particules sur un niveau quantique. Que l'épigénétique nous en dit long sur notre environnement. Que l'évolution de la conscience au-delà des frontières, s'inscrit dans quelque chose de grand. Que cela nous montre une réalité qui nous échappe et qui peut être et surtout échappe à une habitude du cerveau qui semble filtrer le tout, pour nous faire vivre sur un concept réducteur, l'expérience du physique et de la matière. Nous avons entendu que l'univers veux que nous apprenions, pas sur ce qui a été écrit, ou sur ce que dit l'autre, mais sur ce que nous avons en « *Nous* », il veut que nous nous regardions, nous observions. Alors, nous savons que les minéraux nous habitent car ils composent la structure de notre corps, le calcium, le phosphore, le potassium, le sodium, le chlore, le soufre, le cuivre, le magnésium, le manganèse, le fer, l'iode, le fluor, le zinc, le cobalt et le sélénium en sont les principaux. Nous savons que les plantes aiment la musique classique, que les animaux sont plein d'empathie. Nous comprenons que nous aimons nos cellules grâce à l'observation de Soi, de la pensée et à la compréhension de la nature des choses. Cela tient de l'harmonie et des équilibres qui nous sont propres. Pour toutes ces raisons, il semble juste de visiter en Soi la sensibilité et d'harmoniser notre regard avec elle. La sensibilité, n'est pas être « *neuneu* », n'est pas non plus une tare qui diminue une supposée virilité ou une démonstration extérieure, car elle n'est ni le mouvement de la pensée, ni l'image que l'on voudrait bien se donner. Nous en sommes tous dotés, certes de manière différente, mais cela n'exclut en aucun cas qu'elle soit importante à reconnaitre en nous.

> *« Aucun phénomène élémentaire n'est un phénomène avant qu'il ne Soit un phénomène observé. J. A. WHEELER »*

> *« Lors d'une mesure de la position d'un électron, celui-ci "est forcé à prendre une décision. Nous l'obligeons à prendre une position bien définie ; avant cela, il n'était ni ici ni là ; il n'avait pas encore pris de décision concernant sa position…. Si, dans une autre expérience, la vitesse de l'électron est mesurée, cela signifie : l'électron est forcé à se décider à prendre une valeur définie de sa vitesse. P. JORDAN »*

N'est-il pas magnifique de voir ce que l'observation fait faire à la plus petite partie qui nous soit permis de voir et qui est de surcroit le maillon de notre structure ! La science fait apparaître que tout à un certain niveau est doté d'une forme d'interaction. Nous parlons du Big-bang comme première étincelle, nous parlons de particules intriquées. D'où vient notre corps ? Avec quels matériaux s'est-il construit ? Quand a-t-on eu la conscience du Soi ? Sur terre l'homme pense qu'il est le seul à posséder la conscience du Soi. Peut-être, je n'ai pas cette réponse, mais il me semble que la conscience est aussi observation et que la sensibilité lui est reliée.

> *« Nous comprenons que le juste ne peut pas ignorer que la vie se regarde dans son intégralité. Le juste ne se dévoile pas dans un comportement incohérent face à la nature.»*

Tout mérite respect, considération, et acte cohérent vis-à-vis de ce que l'on a conscience… jouer à cache-cache est le jeu de la pensée. Exprimer ce que l'on ressent par l'acte, n'est pas une leçon pour autrui, mais pour Soi. Ceci est un chemin.

En résumé : Nous avons trop ou pas assez de confiance en nous, nous voulons être juste, être aimé, aider l'autre, tirer notre épingle du jeu, *et ainsi de suite… Mais encore une fois, nous nous appuyons sur nos connaissances, nos croyances, nos traditions éducatives et nous réagissons vite à nos sentiments et nos désirs. Être bienveillant avec Soi et les autres nécessitent que l'on soit libre de tout déguisement. Nous souhaitons la paix dans le monde, mais nous avons du mal avec nos colères car les « **vibrations** » basses semblent être une maladie présente chez la plupart d'entre nous. Nous souhaitons aider, alors faisons du discernement de Soi et des autres une priorité. Être juste nécessite une observation de nos auto-réactions et d'en comprendre la nature, ainsi qu'une écoute de notre corps, de nos cellules, de la Vie. L'action silencieuse et l'action immédiate non manipulée intérieurement et extérieurement sont un état d'être qui nécessite un changement profond. Si la conscience représente toute vie sur terre et ailleurs, être cohérent dans nos modes de vie c'est aussi être juste avec Soi. Il est question de non division interne, ou en d'autres termes, d'habiter un espace intérieur avec lequel nous ne voulons plus tricher, se mentir à soi-même ! Alors dans la notion du « **être juste** » il y a aussi la question de « peut-on se changer nous-même ? Doit-on porter un autre regard sur ce que nous sommes et la vie qui nous entoure ? Je pense que nous devons méditer sur cela, car celui qui veut bien voir a toutes les clefs…*

L'image du Soi.

« **L'image du Soi** » n'est pas la compréhension de Soi. Elle est une construction de notre création en partie basée sur un modèle et non sur une compréhension. Elle détermine et dirige notre attitude, laquelle est vue par les autres. En ne comprenant pas « ***l'image du Soi*** », comment et pourquoi nous l'avons construite, nous ne pouvons pas non plus comprendre les différentes distorsions que nous avons pu créer en nous. Elle fait partie de ces piliers qui permettent que se construise autours de nous un monde. Elle permet dans notre sphère, que les relations et les comportements définissent leur place sans que cette évidence nous saute aux yeux, sans que nous soyons conscients de sa part vraie et de sa part fausse. Par exemple, par éducation ou tempérament, je suis ou je veux être un être qui partage et qui aide, cela me plaît d'être reconnu en tant que tel et tout le monde prend place dans cette image que je donne de moi. Une grande partie de ce qu'il se passe est une résultante de « ***l'image*** *du Soi* » et de ce qu'elle émane. Il y a ici un aspect qui doit être compris car cet état des choses nous emporte dans une aventure qui dépasse notre contrôle et cela est encore plus flagrant lorsque la part de vérité dans « *l'image du Soi* » est en minorité. Nous devons par conséquent observer notre dépendance au conditionnement inévitable qui a pris place en nous pour comprendre son impact dans « *l'image du Soi* ». Quand nous ne voyons pas le phénomène avec lucidité, que nous atteignons les limites de quelque chose et que l'irritation prend place, nous versons facilement dans le besoin de reporter sur les autres le rejet qui naît de cette saturation intérieure ou de cette incompréhension face à la situation. Notre saturation agit sur notre pensée et nos sentiments, nous versons dans l'introspection (voir Chapitre 11), l'acte de ruminer ou de critiquer ou de verbaliser notre frustration et ainsi de suite. Les autres ne peuvent pas comprendre, car en ce sens, ils ne sont que l'écho inconscient de cet échange étrange et particulier dont nous sommes l'auteur, la graine. Nous devons ajouter que le phénomène nous concerne tous d'une manière plus ou moins forte et que le « *Je* » n'ai pas le seul à faire cela. Cheminer vers l'authentique face à Soi-même ou la lucidité dans un premier temps, est un challenge salvateur qui s'exprime par le respect de Soi. Le respect de Soi ne peut exister que sur le chemin de la compréhension de Soi et ce circuit fait évoluer notre authenticité. Il révèle à notre conscience des aspects jusqu'alors inconnus d'où la beauté saura se manifester, émaner. Peut-être que l'image de Soi sera très ressemblante à celle d'avant, mais elle ne sera plus portée par les même «élans». Nous avons tendance à faire des choses pour quelles se voient, et dans ce cas nous sommes très loin de l'aspect authentique, car tout ceci est intérieur. Il n'y a aucune démonstration et par ailleurs ces avancées personnelles n'intéressent généralement jamais les autres.

Chapitre 8

Le but.

Qu'est-ce qu'un but, d'où vient-il et peut-on vivre sans lui ? Le but n'est pas un besoin, ou une nécessité comme celle de manger, de dormir ou d'avoir un toit pour sa famille. Il n'est pas non plus ce trait de caractère qui porte à lui seul la soif de faire. Il existe toutes sortes de buts, quelque chose de plus ou même quelque chose de moins. Lorsque je suis pauvre et j'ai le but de devenir riche, je suis riche et j'ai le but de me démunir pour ressentir. Le but de devenir célèbre, d'être un dirigeant d'entreprise, le but d'être heureux, d'avoir des enfants qui feront des hautes études et de pouvoir les leurs payer. Des buts pour moi et des buts pour les autres. Jeune, nous avons des buts pour nous construire, de l'ambition, ou même un idéal… Mais qu'elle est, ou quelles sont les origines du but ? Est-ce parce que nous avons regardé autour de nous et que nous voulons avoir la même chose que l'autre, parce que la société nous éduque en ce sens ? Est-ce parce que nos parents nous ont conditionné pour être ceci ou cela ? Pour être conforme à une norme ? Quel est le rôle et l'impact de la société dans nos buts ?

Depuis l'enfance, nous construisons une « *image du Soi* » et nous fixons à partir de cette image, le but à atteindre. Il y a toujours une origine et une raison à un but, peu importe qu'elle soit bonne ou mauvaise pour lui ou pour un autre. L'important c'est de comprendre pour Soi ce qu'il en est, car quand nous connaissons le vrai pourquoi, nous faisons une expérience en conscience. Nous pouvons décider de suivre un but ou pas et cela n'est pas discutable, mais il faut le faire avec conscience de tout cela.

L'élan et la direction.

Qu'est-ce que « *l'élan* » ? « *L'élan* » suit une direction. La direction, pourrait sous-entendre que nous avons une destination, donc un but, mais peut-on écarter cette relation avec le but, c'est-à-dire de juste suivre une direction ? Car il ne s'agit pas d'un aspect technique comme effectuer un voyage, si nous allons à Paris, cela ne peut être autre chose que Paris. Parlons de la direction comme étant le chemin qui permet d'avancer, non pas vers une destination, un but, mais dans une démarche, laquelle intègre dans son parcours les mots écoute, ouverture, observation, responsabilité. La direction s'inscrit dans une démarche et la démarche naît d'un état conscient et lucide. L'origine de la direction n'est plus une volonté ou un but, mais « *un élan* ». « *L'élan* » est ici la représentation de la naissance qui créait le mouvement, l'action. Il est animé par une origine intrinsèque, personnelle et singulière, ou une découverte de Soi au cour de la Vie. Il se mari parfaitement avec la direction, mais ne comporte aucunement une destination fixée à l'avance comme il en est du but. Il peut cohabiter avec quelques buts, pourquoi pas, mais il n'en dépend jamais, car l'élan n'est pas conditionné comme le but par ses origines, qui impliquent l'obligation de réussite attachée au point fixé dans le futur. « *L'élan* » a l'élégance de rejoindre la passion ou la relation humaine, alors que le but a cette intransigeance du contrat avec soi-même, il comporte non pas la garanti, mais le risque de se perdre. L'élan ne demande pas d'échelle de grandeur pour exister, pour se déployer, bien qu'il puisse lui aussi devenir grand et nous enflammer à son tour ! Il y a aussi d'autres cas mais ils s'assimilent davantage à la responsabilité bien que porteurs de la direction et de l'élan, car ils nous amènent à prendre une direction. Cela se produit souvent lorsque naît un contexte dans lequel nous nous mettons en mouvement pour répondre à ce qui s'impose, là, maintenant, car faire autrement ne nous serait pas authentique. Je ne peux pas laisser faire cela, ou je dois agir de telle manière car je comprends le contexte et ma responsabilité. Nous pouvons parler ici d'action sans choix.

Comme nous l'avons vu, dans notre relation avec les autres, certaines situations ont une fâcheuse tendance à agiter nos cellules, à irriter quelque chose en nous, on pourrait présenter cela comme « *ça nous tape sur le système* ». Un schéma descendant s'installe alors facilement et nous fait rentrer soit en dualité jusqu'à atteindre la rupture, soit en soumission de silence pour éviter la rupture. Dans le premier cas, on retrouve les conflits humains interminables. Dans le deuxième cas, le conflit immédiat s'arrête, mais on retrouve aussi les conflits humains interminables, car l'ego de celui qui aura fait l'effort de laisser tomber, se sentira frustré ou soumis. En y réfléchissant bien, aucune des deux alternatives n'est bonne ! Même si la deuxième semble en surface plus apaisée, il y a quand même quelque chose qui n'est pas acceptable, comme une bride intérieure qui écarte une vérité. Alors que faire ? Car vouloir avoir raison, ou ne pas digérer d'avoir laissé l'autre penser qu'il a « *raison* », « *gagné* », ne nous aide pas. Il est alors important de faire une première distinction. Il s'agit de voir la différence, les facettes cachées entre l'introspection et la lucidité, car cette dernière peut percevoir ce que nous sommes, ce dont nous sommes porteurs et qui se cache au plus profond de nous-même.

L'introspection

L'introspection est une activité mentale, elle a la nature d'une analyse que l'on pose sur nous. Celle-ci nous amène au mieux à la frustration, au pire à la destruction, car l'introspection montre le contenu du ressentit et de la douleur qui sont véhiculés à l'égard de la situation. Elle peut s'autoalimenter par la pensée qui a tendance a se baser sur ses mémoires, sa volonté et ses buts, ses croyances ou ses valeurs. Ceci est le constat de la perception sensitive. Ces mécanismes appellent ensuite et très souvent des émotions comme la rancœur ou d'autres graines empoisonnées, inaptes à donner un fruit sain. Il y a là une tendance même à redondance, comme une obsession qui vient et revient taper à la porte pour qu'on lui ouvre. L'introspection se transforme alors très vite en auto-sabotage. Elle doit donc à son tour non pas être regardée, mais observée pour être comprise et nos situations douloureuses sont un socle pour cette compréhension.

La lucidité

Maintenant, que doit-on entendre par lucidité ? La lucidité ouvre la porte des vérités. Elle n'est pas une analyse mentale de déduction, qui cherche le pourquoi du comment. Elle a observé l'introspection et ses dangers. Elle voit toute ces charges en nous pour avoir observé les phénomènes internes. Alors elle peut regarder la scène, un peu comme on regarde l'eau d'une rivière qui coule. Nous voyons l'eau couler mais nous ne faisons aucune déduction, nous sommes passifs pourtant nous voyons l'eau couler et tout ce qu'elle transporte. A quoi bon chercher le pourquoi du comment, nous voyons. Il faut détacher les raisons ou les causes, la colère et le reste. Nous ne maîtrisons pas ce que transporte l'eau qui coule, pas plus que les situations de notre vie, de la vie des autres, les colères internes et celle des autres et ainsi de suite, tout cela coule devant nos yeux. Mais nous pouvons plutôt que de se jeter à l'eau en faisant « *flop* », le regarder à l'intérieur comme à l'extérieur. Être lucide veut dire voir ce qu'il se passe sans être dans le bain et sans manipulation mentale. Alors peuvent être vues les racines en nous, nous constatons avec lucidité leur place et leur nature profonde. Alors l'émotion est détachée, ses raisons ses causes, nous la voyons simplement couler en nous. Alors nous voyons que l'espace occupé par la colère et l'introspection fait place a une certaine sensibilité et cette sensibilité change peu à peu notre comportement. Nous pouvons alors parler, agir sans y intégrer tout ce fardeau.

« Nous sommes lucide et nous voyons le danger de répondre à ce qui nous dérange, en utilisant un outil d'action ou de défense auto-réactif, qui s'avère destruction interne et externe. »

Prenons le cas de la colère comme exemple, ce n'est pas l'autre le fautif de notre colère. Non, l'autre l'a seulement réveillée, c'est alors que notre colère lui a répondu. Si nous acceptons de regarder en face les conséquences psychologiques de l'humanité créés par nos conflits, nous comprenons notre irresponsabilité face à ce tyran qui vit en nous. Il n'a jamais rien résolu, il ne sait rien créer d'autre que de nouveaux aspects de nos douleurs, comme la culpabilité, la vengeance, la tristesse, la soumission par la force, la peur et tous les déchirements qui amènent à la souffrance.

« La colère, qu'elle soit exprimée ou réprimée est l'énergie négative qui coule dans le conflit.
Le conflit est ensuite nourri par l'introspection.
Les effets de l'introspection se dissipent dans la lucidité.
La lucidité permet de se libérer peu à peu de ce cycle. »

Parler de nos ressentis avec l'autre est un bon outil lorsque nous sommes sincères avec nous-même. Les énergies négatives sont présentes en chacun de nous, essayer de les éliminer, de les rejeter revient à la division interne et au combat, soit au conflit lui-même. Nous voyons que la lucidité de cela nous permet d'observer cela. En regardant cette rivière couler en dehors de nous et en nous, les émotions nous traversent mais nous voyons mieux comment approcher ce détachement, nous ressentons cette sensibilité et nous savons que ce n'est pas la colère la solution. Alors il se passe quelque chose d'incroyable. Cette observation et cette lucidité voient la colère se dessécher ainsi que l'émotion qui l'accompagne, ou-bien comme un nuage qui ne faisait que passer. Ces états d'âme que nous avons, colères ou autres se mesurent bien sûr à plus ou moins grande échelle selon la situation. Au début, nous n'en avons pas totalement conscience, mais elles sont très énergivores. Constater par Soi-même toute l'énergie dévorante que cela représente, nous ouvre les yeux sur toute l'énergie qui est libérée dès cette prise de conscience.

« Cette énergie disponible, est précieuse, nous pouvons la déployer, précieusement.»

Sans chercher les grands conflits ou multiples violences qui nous sont montrées aux infos, nous pouvons développer notre lucidité au quotidien. La simple différence entre une idée et l'autre, un mode de penser différent de l'autre, un truc pas à sa place, une réflexion, font monter la pression et génèrent de « *gentilles* » disputes au QUOTIDIEN. Ces petits changements de tons, de haussements de voix trouvent leurs sources au même endroit que les fortes disputes. Nous parlons là de la même chose. Je sais et je comprends parceque je vie les mille raisons qui me font trouver les limites de moi-même, et parfois je suis en questionnement de ne savoir que faire. C'est vrai..., mais il y a cette énergie en plus et ce chemin renforce de manière intéressante notre responsabilité d'être humain « *Vivant* » au contact d'autres qui ne sont pas différents de nous. Alors pas différent veux dire, oui un sais mieux faire ceci ou cela, mais dans le domaine de la lucidité et de cette capacité en chacun, nous semblons tous avoir accès lorsque la première pierre est posée.

Ensuite pour le côté pratique, notre terrain de jeu est immense !
Alors puisqu'avoir tort ou avoir raison, ne positive pas notre énergie, mais la pollue, l'affaiblie, il n'est pas ici question de choix. Agir
en ce sens n'est que clarté. Les difficultés ne peuvent être aborder
qu'avec bienveillance et discernement pour produire un « *éclat* ».
« *L'éclat* » imprègne l'atmosphère et nous aborderons cette magnifique réalité dans le Chapitre16 dans la section « *les liens avec les
lieux, les objets* ». En faisant référence au tableaux des pages 46 et
47, nous pouvons observer que d'une part, notre lucidité doit per-
sévérer concernant nos désirs et nos buts afin de comprendre s'ils
ne sont pas une des sources du conflit. D'autre part, nous devons
apprendre à nous tourner positivement vers l'autre pour mieux appréhender ces besoins et approcher les situations avec une communication responsable. Car il est à noter que nous ne connaissons
pas l'existence intérieure de l'autre, ainsi que son vécu, nous croyons
que, pensons que, mais nous ne sommes pas l'autre, nous ne vivons
pas la vie de l'autre. Alors il est facile de voir ce qui ne nous convient
pas car cela est notre problème personnel, ou de ne pas être assez
prudents sur nos réflexions et sur notre comportement. Prendre du
recul est aussi et parfois une nécessité pour que soit respectée la
bienveillance à Soi-même.

*« La patience, l'art de communiquer dans la lucidité, la
notion du juste, la confiance en Soi, l'éthique, ne sont pas des
concepts, ils sont perceptions qui naissent en nous, personne à
part nous n'y a accès »*

Nous avons le droit d'être découragé, de trébucher, de douter. Je
pense même que cela ne peut en être autrement. Ceci est la route
pour que les choses avancent, invitant notre humilité à prendre
part dans chaque contexte. Mais dans cette vie qui nous est permis
d'expérimenter, il ne tient qu'à nous, de voir qu'elle s'apparente à
celle des fleurs qui s'ouvrent et s'épanouissent en une myriade de
couleurs et de senteurs en voyant la lumière du soleil. Alors que
la lumière qui nous éclaire est aussi celle du soleil, celle qui nous
guide, elle, se trouve partout. Il suffit d'observer le tout, pour s'ap-

prendre à Être. Trébucher plusieurs fois parce que l'on doute et que l'on ne sait pas encore vraiment, est un apprentissage. Prendre une décision alors que l'on en connait la valeur basse, les dangers, est un auto-sabotage. Notre mental ne peut plus nous gruger et se mentir à Soi-même devient compliqué. Nous avançons davantage vers le respect de Soi, l'acte de se respecter n'a rien en commun avec le respect de l'image du Soi, la partie vestimentaire ou idéologique que l'on veut se donner.

« Le respect évolue dans l'acte de se connaitre ».

Nous vivons d'objectifs et de buts mais l'idée se précise en nous de comprendre que nos actes en ce sens ne sont pas sous un contrôle conscient mais bien souvent un prolongement de l'activité mentale liée aux conditionnements ? Nous subissons cela, alors pour avoir un contrôle il faut voir ce qu'est l'élan et la direction. L'élan est la naissance d'un mouvement non conditionné. Un point vu par la conscience qui va ensuite être piloté par le libre arbitre lucide. Cette lucidité qui sait observer une pataugeoire sans aller dans le bain, un conflit sans se sentir blessé ou agressé. Evitant ainsi de prendre les nombreux fardeaux, accompagnés de cette intelligence libre des cycles du mental, nous pouvons suivre la direction de l'élan initial. Une quantité égale à cet allégement procure une nouvelle énergie qui se déploie alors précieusement. Seul le « Je » peut avec patience, confiance en Soi et lucidité accéder à cette perception, apprendre à se respecter car le respect évolue dans l'acte de se connaitre

Chapitre 9

Le cœur et la « vibration ».

« Voici un espace secret, dans lequel nous pouvons sentir de la chaleur lorsque l'on y concentre sa respiration, il suffit d'observer la zone de notre cœur, de respirer à l'intérieur de lui, et de sentir, simplement».

Savez-vous que le cœur envoie plus d'information au cerveau qu'il n'en reçoit ? Savez-vous que le champ électromagnétique du cœur est 5000 fois plus intense que celui du cerveau ? Savez-vous que le cœur change sensiblement sa fréquence lorsqu'il voit certaines informations avant qu'elles se produisent ? Oui le cœur semble voir avant nos yeux, nos sens… Savez-vous qu'il envoie des informations biochimiques à notre corps comme l'homéostasie, un acteur inhibiteur du stress. L'ocytocine, hormone de l'amour. Savez-vous que le stress, la peur ou la frustration rendent le cœur instable, ce qui a pour effet de nous scléroser, de nous empêcher de penser correctement. Et savez-vous que la méditation, le développement de Soi, les échanges justes, les pensées étiques et constructives lui donne une stabilité. Et lorsque le cœur est stable, le raisonnement est plus limpide.

Mais nous, personnellement, que savons-nous de lui ? Que c'est avant tout l'organe vital qui fait circuler notre sang, accélérer notre pouls. Qu'il y a toutes sortes d'expressions a son sujet comme, *« avoir bon cœur »*, *« avoir mal au cœur »*, *« c'est le cri du cœur »*, *« faire quelque chose à contre cœur »*, *« en avoir gros sur le cœur »*, *« par cœur »*, *« prendre les choses trop à cœur »*, *« avoir le cœur bien accroché »*, *« avoir le cœur sur la main »*, *« son bon cœur le perdra »* ... Sur le plan littéraire comme sur le plan intuitif, nous entendons tout cela dans un sens plus ou moins superficiel. Pour la plupart, nous y accordons son importance dans nos ressentis et notre mental fixe les limites qu'il décide pour lui, que ce soit à tort ou à raison d'ailleurs. Dans ce prolongement de la pensée, nous lui attribuons des vertus, lorsque dans l'expression il est interprété comme une qualité ou un défaut, *« il a bon cœur »*, *« il a un cœur de pierre* ». Finalement, nous pensons beaucoup de chose apprises dans notre culture, mais pouvons-nous pour nous même approfondir la question de cet organe qui représente la clef de voûte de notre existence ?

Puisque la science nous démontre que le cœur sait voir avant les yeux, alors dans ce cas, la pensée ne serait-elle pas un outil de deuxième main, perturbatrice dans le sens qu'elle saura difficilement interpréter de manière neutre. Nous avons exploré cela dans les chapitres précédents, que sa raison d'être est, sa mémoire, son vécu, ce qu'elle a appris et cette situation peut représenter une division, un conflit intérieur vis à vis de la perception non pensée, celle du cœur. Nous pouvons voir cela qu'elle n'intervient pas lorsque par exemple, dans ces milliers de cas qui relatent des faits où, si cette personne avait pris cette route comme à l'habitude, elle aurait probablement péri dans cette catastrophe, ou si je n'avais pas fait demi-tours, je n'aurais pas pu porter secours à, ou rencontrer untel ... Notre tendance est de parler de coïncidence bien sûr, mais nous pouvons aussi laisser ouverte la question et mieux observer, car quand on ressent que la pensée ne dirige pas certain de ces faits nous acceptons qu'il existe un dialogue intérieur et invisible jusqu'alors (exemple ou la personne aurait péri dans la catastrophe). Nous allons appeler cela intuition ou perception du cœur ou peut-être autre chose, mais nous pouvons accorder beaucoup plus d'attention, d'intérêt à cet aspect de nous qui nous caractérise tous. Je n'entends pas répondre à ces questions qui sont du domaine propre à notre singularité, mais j'entends mettre en valeur l'importance de ces questions et proposer de faire de cela une méditation permanente dans nos mouvements, nos actions immédiates avec ou sans choix, ainsi que nos comportements dans notre relation aux autres. Car les liens qui transitent de cœur à cœur sont souvent perturbés par une transformation ou distorsion mentale.

Il existe une expression qui dit « *faire l'autruche* », laquelle met la tête sous le sable comme si elle voulait ne pas voir. Mais cela est un préjugé car l'autruche met la tête sous le sable pour enlever les vermines du nid où se trouvent ses œufs. Pour parler du cœur, nous en avons fait l'organe de l'amour vue par la pensée et plus particulièrement l'amour dans le sens du couple ou bien celui d'un soit disant comportement montrant notre qualité à aimer. Au-delà de la tendresse que l'on se porte, nous disons également faire l'amour pour décrire la sexualité. La sexualité permet d'avoir des enfants, mais au-delà de l'acte de reproduction, nous la pratiquons essentiellement pour satisfaire notre attachement au plaisir qu'elle procure. Cette énergie très puissante est reliée à nos hormones et peut par conséquent s'avérer destructrice selon les croyances, la culture et surtout ce que l'on en fait. Il existe pourtant une sexualité Sacrée[1]. Alors cette signification d'aimer que l'on a l'habitude d'utiliser, n'est-elle pas plus proche de la notion d'attachement, de peur de la solitude, du plaisir et etc…. que de l'Amour ? L'Amour n'est-il pas tout autre chose que l'attachement, le plaisir, la jalousie puis la réconciliation, la volonté que l'autre soit d'accord avec nous, nous appartienne, et ainsi de suite ? Vivre en couple durant toute une vie ou une partie de la vie est une très belle chose, un acte de partage capable d'harmonie et d'affection, de respect, de patience, d'apprentissage mutuel et il n'est pas l'objet de la remise en question. Non la méditation porte sur la distorsion culturelle que nous faisons dans notre rapport avec le Cœur, l'Amour, les actes, le jugement, le poids de la norme et etc... Les mots ont une signification et un poids, mais lorsque l'on mélange tout, la confusion progresse et nous éloigne de la vraie compréhension. Le cœur est propre à chacun, autant que nos actes, les greffes du cœur nous apprennent que le nouveau porteur peut ressentir les « *vibrations* » du donneur et certaines histoires réelles sur le sujet sont très émouvantes. Et d'un autre côté, il y a aujourd'hui des programmes informatiques qui permettent de faire un tri pour les embauches selon certains critères, l'état met à disposition un logiciel qui permet de connaitre ses propres capacités pour permettre une réorientation lors de perte d'emploi. Comme si nous étions handicapés de ce que nous sommes, incapable de connaitre nos possibilités et de nous diriger seul pour notre avenir. Nous accordons beaucoup de croyance dans ce que la pensée construit, que ce soit dans notre propre raisonnement comme dans des outils fait par l'homme pour vivre à notre place. Doit-on mettre ces propres actions dans les mains d'un ordinateur qui ne fait que répéter ce que

---

1 *Malory Malmosson livre «Foufoune cosmique» et toute la bibliographie quelle propose.*

les programmateurs ont décidé. Quelle est la place du cœur dans tout cela ? Lui qui pourtant semble percevoir ce qui émane dans son essence, sans distorsion. Lorsque le « *cri du cœur* » et non pas le cri de la pensée qui serait peut-être davantage le fait de ruminer, une colère ou un conditionnement, se fait sentir, nous devons y prêter la plus grande attention. Nous devons observer l'eau qui coule et qui nous lie à ce cri, car la distorsion et la pensée sont certainement les motifs du cri, celui du Cœur, celui du Corps qui nous parle. Le coeur est l'organe de «Vie» qui nous relie à «l'Amour» pur, «inconditionnel». Cet «Amour» nous pouvons et devons le laisser entrer, car sans lui, rien de ce qui a du sens pour nous dans la Vie ou dans ce livre, ne pourra se chrysalider.

> *« Alors, peut-être que notre compréhension et le mouvement qui en émane, s'approcheront chaque jour un peu plus de notre singularité, de l'acte que la vie attend de nous, pour le transmettre à nos cellules. »*

En résumé: Notre cœur et un organe bien plus puissant que le cerveau et ses fonctions vont bien au-delà de l'acte mental. De plus, le mot « Amour » doit être défini en nous avec clarté et ne pas être confondu avec les plaisirs, les désirs ou les sentiments car ce que le cœur voit est vite déformé par la pensée. Le cœur perçoit, le cœur envoie mais ne réfléchit pas. Il peut être étouffé, comme cimenté, ou libre de se connecter à « l'Amour » de l'exprimer.

Chapitre 10

Ce que l'on perçoit de la matière telle que nous l'entendons, c'est-à-dire solide comme une table ou une chaise, perd tout son sens dans l'infiniment petit. Plus rien ne semble se toucher à ce niveau d'observation (Voir Chapitre 5). Suite à de nouvelles compréhensions sur les trous noirs, nous pouvons identifier que ce vide ne l'est en fait pas. Seulement peut-on dire que l'invisible nous échappe, il n'est pas accessible à notre raisonnement direct. Mais notre équipement sait en faire une lecture qu'il faut apprendre. Lisons ensemble les citations suivantes au sens propre, puis avec notre équipement au complet.

« La force de confinement dont les protons font l'expérience dans le noyau d'un atome, (la Soi-disant force forte, ou interaction forte) est équivalente à l'énergie de la force gravitationnelle, dont deux protons feraient l'expérience s'ils étaient des mini trous noirs s'attirant l'un l'autre. » NASSIM HARAMEIN

« Un trou noir n'est pas noir ». Il est même invisible, seulement perceptible par l'irrésistible attraction gravitationnelle, l'incitant à

happer tout ce qui passe à sa portée. Si on parle de trou « noir », c'est tout simplement parce qu'il éteint toute lumière. »STEPHEN HAWKING

La théorie de Hawking prouvée par Jeff Steinhauer, sur un phénomène contre-intuitif, « *l'évaporation des trous noirs* » ou « *Thermal Hawking radiation* ».

> *« Le Technion a montré pour la première fois que de l'énergie s'échappe de cet horizon. De l'énergie et donc de la masse est extraite du trou noir. Le trou noir rayonne plus ou moins selon que la fréquence est élevée ou basse ».*

En d'autres termes, selon Nassim Haramein les protons de l'atome sont des trous noirs, Stephen Hawking nous donne une définition de comment le trou noir happe ce qui l'entoure, et Jeff Steinhauer démontre qu'un trou noir rayonne, qu'il émet.

Ces révélations indiquent qu'il y a bien échange d'informations vers ce qui nous est invisible. Que dans l'infiniment petit, les particules qui nous composent, nous ainsi que toutes choses dans l'univers, discutent dans une matrice au-delà de notre mental. Alors pour ne pas regarder les choses sous le seul aspect scientifique, nous pouvons établir cette relation dans une contemplation intérieure, de voir ce lien que nous avons entre la conscience, le cœur, l'intuition et une dimension qui pèse 99,9999% de vide !

Nous pensons à tort être impuissant face aux challenges de l'humanité, semblable à la goutte d'eau qui veut changer l'océan. Que doit-on faire, voir ou comprendre dans le fait que nous sommes tous liés d'une manière ou d'une autre, alors même que cela est non perceptible par nos cinq sens ? Peut-être avons-nous déjà approché ceci sous une forme subtile, nous en mesurerions alors l'importance et le chemin qui attend l'Homme. Ou peut-être que cette idée est présente en nous sous forme de concept. Parce qu'elle nous est familière, pour avoir été entendu ou lu dans beaucoup de textes anciens. Alors, nous percevons cela seulement dans la périphérie d'une idée, qui semble certes cohérente, mais reste abstraite. Alors disons que ce n'est pas grave, peu importe ce que nous ressentons ou pensons… Mais gardons ce cap, cette notion soulignée par Krishnamurti qui indique que « *le monde est nous et nous sommes le monde* », car en cela, quelque chose de très important doit être vue pour le bien de l'humanité et doit être étudié en chacun de nous pour qu'il en fasse sa juste compréhension.

Le monde est nous et nous sommes le monde[1].

Commençons par le côté sombre, car seule la lumière a un effet sur lui :

Lorsque nous osons regarder en face ce monde qui nous entoure, afin de voir sa violence, ses conflits, ses incohérences, ses désirs et ses immoralités, ses pouvoirs sur l'autre, toutes ces souffrances et tout le reste. Lorsque nous observons ensuite nos pensées, pendant des périodes de stress, lorsque l'on se sent blessé, ou au quotidien, nos réactions habituelles, toutes ces choses perturbantes qui nous habitent et nous suivent. Le terrorisme et la guerre ne sont pas des concepts différents de ce que nous vivons dans notre petite sphère. C'est seulement une notion de niveaux, d'intensité ou d'amplitude, c'est que certains vont plus loin, beaucoup plus loin que d'autres... Ils s'enfoncent davantage dans l'illusion ou les terribles exagérations que savent créer les pensées aveugles, les conditionnements. C'est atroce effectivement d'en arriver à ce point d'être un terroriste, mais cet adulte était un bébé avant cela. Avec tout ce que nous avons pu observer sur le conditionnement, nous voyons comment l'environnement agit sur un enfant, comment selon son parcours il peut être aspiré et commettre de tels actes. Certes la gravité de l'acte change notre niveau d'acceptation et l'on ne cherche pas à comparer une dispute de voisinage avec le crime d'un assassin. Mais l'on peut voir que le mouvement est sur un axe identique, sa racine, sa couleur d'origine ont la même source et en ce sens il n'y a pas de différence. Le mouvement de nos petits conflits, les raisons de leurs naissances, les peurs, les croyances et les pensées avec les désirs et les attentes qui les ont générés, les frustrations qui en ont été la conséquence ; tout

---

1   *Jiddu Krishnamurti*

cela est le même mouvement que les grands conflits de ce monde et de ses abominations. Ce chaos intérieur que vie l'humain et peu importe sa classe sociale, son pays, sa religion et tout ce qui nous divise, ne peut pas prétendre à changer le monde par une nouvelle loi, car elle ne sera que nouveau chaos, remplaçant l'ancien. Les lois ne peuvent pas encadrer le domaine de la responsabilité de l'Humain face aux défis du Soi tel que nous l'approchons dans ce livre. Alors, que l'on soit une personne simple, riche ou très pauvre ou un nouveau président avec de nouvelles idéologies, vouloir écraser des anciennes lois qui par ailleurs étaient nouvelles en leur temps, mais dont aucune jamais ne satisfera, n'a pas de sens pour le domaine du Soi. Les lois existent, nous en avons certainement besoin pour que soient régulés les échanges techniques de la vie et de l'Homme, mais celles-ci semblent vouloir tout gérer chez les autres, pour les autres. Regardons les enseignements, malgré toutes les réformes et la bonne volonté des hommes et des femmes dévouées, ils ne nous sont pas transmis dans le principe d'une évolution intérieure, ou l'on peut y apprendre le Soi. Une éducation sans conditionnement, sans ces jeux de la punition et de la récompense, du premier et du dernier, de l'enfer et du paradis. Même nos jeux de société nous apprennent la division du gagnant et du perdant, la comparaison, la course vers qui sera le plus fort. Très peu de divertissements développent l'idée de l'entre-aide et de la réussite ensemble, ou l'on comprend que sans gagnant même tricher est absurde. Pourtant il ne nous viendrait jamais à l'esprit qu'au sein même d'un corps humain, la notion du plus fort ou du gagnant et du perdant soit envisageable. Entre un bras et un pied, entre une rate, un foie ou un cœur. Non, nous savons que tous nos organes et toutes nos cellules œuvrent dans un objectif commun.

La responsabilité.

Observons la responsabilité individuelle et quelques graines de sa déconstrction :

Je me souviens d'un jour en particulier ou parce-que j'avais des facilités en mathématique, je soutenais et j'aidais ma fille dans certain de ses devoirs, lorsque c'était nécessaire et sur sa demande. Je lui exposais l'approche que j'en avait et en changeais si elle ne comprenait pas. Un soir, elle revenait en pleurant et me dit qu'elle ne voulait plus de mon aide car elle avait eu un zéro. Ses résultats étaient bons, mais elle ne les avait pas obtenus avec la méthode que l'enseignant voulait. Ce jour-là, est un exemple parmi tant d'autres ou une partie de ma responsabilité de parent a été ébranlée. Bien sûr nous pouvons expliquer ce phénomène et y apporter des raisons, les règles les lois, l'égalité pour chacun etc... L'éducation n'est plus la responsabilité des parents, de leur bon sens, mais celle d'un système, d'un protocole. C'est l'éducation Nationale Alors les parents attendent aujourd'hui de l'enseignement pour l'éducation de leurs enfants, ils espèrent que l'école va les mettre sur le droit chemin. En entreprise, il y a les mêmes symptômes, les règles économiques et sociales dirigent tout. Elles ne permettent pas au chef d'entreprise d'appliquer son bon sens et il semble que ces règles évitent une certaine anarchie. C'est vrai, alors l'intelligence bienveillante ou collective, est confrontée à la triste réalité des lois et des interdits qui empêchent de s'exprimer, d'explorer. Alors comment faire un monde responsable s'il est privé de sa responsabilité première ? Ce manque de responsabilité à différents niveaux, a créé la fuite générale car nous faisons souvent pour ne pas dire toujours, reposer la responsabilité à l'extérieur de nous. Cela enlise chaque jour un peu plus l'être qui réagit comme un outil robotisé et mis à jour selon le nouveau programme des concepteurs.

La lumière éclaire les pas de la responsabilité :

Le constat précédent n'a pas vocation à critique accusatrice, des hommes travaillent pour chercher des solutions. Ce que je souhaite exprimer ici est que l'armature du Soi quand elle existe, est en mesure de s'adapter à une règle douteuse, alors que si elle n'existe pas, elle aura des difficultés à s'intégrer dans une bonne loi. Voir « *ce qui est* », agir, s'exprime dans un acte nouveau, qui n'est pas celui dont nous avons l'habitude, celui de la pensée conditionnée par une méthode, une habitude, par un soi-disant savoir. Voir s'exprime à l'intérieur même de nous, à l'intérieur d'une personne libre, non pas libre de faire ce qu'elle veut, mais libre de conditionnement. Une personne qui recherche cet enseignement ou cette conscience du Soi, une personne qui avance, responsable en lui de ces actes, car ses actes ne sont pas le fruit d'un désir, d'une peur ou d'un caprice, mais une écoute attentive. Dès cet instant, il y a acte de Vie pour la Vie elle-même à travers Soi, l'invisible connecte pour nous enseigner à tous. Nous abordons ainsi beaucoup mieux l'exercice d'observer nos pensées, nous pouvons y mettre tendresse et rigueur, comme une maman qui dit à son enfant lorsqu'il est pris la main dans le sac de bombons : NON mon chérie, tu en a mangé un, mais maintenant tu dois arrêter. La mère sait que le bonbon fait plaisir, mais au fond d'elle, elle sait aussi qu'elle ne doit pas éduquer son enfant pour son plaisir, mais parce qu'elle est mère. Nous semblons être les deux pour nous même, mère et enfant, féminin masculin et nous savons, nous comprenons cette responsabilité dans un acte d'épanouissement, non de punition ou frustration.

Voici quelques exemples simples dans l'idée. Ils nous montrent à quel point et selon notre personnalité, comment nos avis et nos actes vont évoluer avec le temps :

> « *Concernant l'acte de dire bonjour, selon la personne et le contexte, nous pouvons observer que nos vrais sentiments à cet instant, sont du domaine de l'invisible et qu'ils sont également variables, ils n'ont pas toujours la même couleur à l'intérieur qu'à l'extérieur.*

Alors quels sont mes propres, mes vrais ressentis, que se passe-t-il en moi lorsque je dis bonjour ?

> « *J'ai décidé de me rendre à un lieu précis pour faire une chose précise. Seulement voilà, un copain frappe à la porte, il venait boire un café, que je lui offre, ensuite ma mère me dit que son compteur a sauté et qu'elle n'arrive pas à le remettre, je mis rend en vitesse avant de faire mes affaires prévues, mais pas de chance, ma femme m'appelle et me dit que le gars de l'adoucisseur est arrivé en avance pour l'entretien. Bref, c'est un peu compliqué aujourd'hui. La synchronicité semble tout faire, mais est-ce pour moi ou contre moi ?*

Deux possibilités, je décide quand même de faire ce que j'avais décidé en trouvant d'autres solutions au fur et à mesure des obstacles. Ou j'abandonne l'idée, je le ferai plus tard. J'ai mon libre arbitre. En observant ce phénomène, que sont les « *synchronicités* », malheureusement souvent confondues avec le hasard, il ne s'agit pas de montrer ou de proposer un mode de vie, ni même d'indiquer qu'il existe un moyen « *sécurisé* » pour interpréter quoi que ce soit. Toute interprétation implique la pensée et je préfère indiquer que cette voix est limitée dans ce cas précis. Non il est ici question de poser un regard qui ne recherche pas d'interprétation mais qui voit juste un bonjour, je suis là, je suis la vie ! Observe-moi et positionne-toi en conscience.

La synchronicité.

Nous avons tous des exemples courants de coïncidences. On nous rapporte que notre chien se lève et va à la porte d'entrée alors que nous partons seulement du bureau. Nous pensons à quelqu'un et il nous téléphone. Dans une conversation, une personne nous enlève le mot de la bouche. Nous voulons attraper le même objet au même moment, etc… Il semble que ces petites choses du quotidien, ces coïncidences soient considérées comme « *normales* ». Alors si cela nous semble normal, il suffit d'un pas pour aller plus loin. Un tout petit pas, pour accepter et comprendre à quel point la synchronicité nous entoure. Elle a une faculté bien étonnante, mais seulement le Soi, saura l'interpréter ! Alors sans tomber dans les méandres de la pensée et de ses machinations ou de son habituelle exagération, mais seulement en prêtant beaucoup plus attention, vous savez comme quand on veut acheter un modèle de voiture et que soudain on en voit partout ! Et bien là c'est pareil, de nouvelles situations nous sauteront aux yeux comme : Nous pensons à quelque chose qui a surement de l'importance et un texto arrive dont le contenu nous frappe par sa relation à la pensée. Nous ressentons une sorte de désaccord et nous nous faisons mal. Un oiseau se cogne la tête sur la vitre et nous éveille à ce que nous devions voir ou faire. Ces évènements contiennent au-delà de ce qu'ils sont un message, qui parfois change quelque chose en nous, ou peut induire une action spontanée. Parfois ils ont une forme toute différente, lorsqu'il y a enchaînement d'événements et qu'ils révèlent dans cette synchronicité leur image parfaite. Nous dirons juste Merci pour avoir attiré mon attention sur ce point. Beaucoup d'exemples pourraient être cités, alors je vous laisse le soin de les ajouter. C'est avec l'observation et l'acte de poser un regard que nous donnons la chance au monde caché de s'ouvrir à nos yeux pour voir : La synchronicité.

« La synchronicité est un phénomène qu'il faut observer car elle sait nous en dire long sur ce qu'il se passe. »

Plus nous nous engageons sur ce chemin et plus fort est notre étonnement, comme un ravissement même ! Surtout si nous savons y ajouter la patience, car l'immédiateté ne fait pas toujours partie de l'équation. L'univers discute avec nous, décide de répondre de suite ou pas, ou pas du tout… mais à sa manière… Nous savons au fond de nous qu'une autre réalité est, que nous sommes en contact avec elle et peu importe comment nous les appelons : notre conscience supérieure, nos anges, les forces divines, voir au-delà de, voir de plus haut que ou tout simplement Dieu… Nous ne cherchons pas de preuves ni de définition dans le dictionnaire. Nous sommes aimés et guidés par la « *Vie* », mais il est précieux de voir par soi-même que nous sommes aussi respectés dans notre libre arbitre. Alors, lorsque nous traversons des moments de trouble et que la vie semble nous fuir, nous pouvons aussi demander de l'aide. Si cela est profondément une demande du cœur, d'une recherche pour se comprendre et non une requête égotique du mental, quelque chose viendra, l'invisible nous dira bonjour, toujours à sa façon : dans le juste. Si la demande est celle de l'ego, la réponse viendra aussi, mais le juste sera à la hauteur de la demande. C'est parce que l'univers et les « *aîné* » nous aiment qu'ils ne sont pas là pour nous juger ni nous complaire. Juger et complaire seraient différents de « *être juste* » différents de « *Aimer* ». Alors comme pour donner de la profondeur a notre existence et à ce que le vivre représente de précieux, nous pouvons observer encore. Contrôler que ce qu'il se passe semble suivre le chemin de nos « *vibrations* », pas celui de nos illusions. Je me permets d'affirmer que la vie ne nous demande pas de la perfection, elle serait peut-être injuste si elle le faisait. Mais ce que nous pouvons lui accorder, en retour de son Amour, c'est notre attention permanente et nos efforts pour la rejoindre. Car malgré les petits cailloux, et les aides qui peuvent nous être accordées, si nous ne nous comportons pas de manière responsable, l'aide ne sert à rien. Dans ce vide plein, cet invisible, nous envoyons des informations, elles sont nos ondes personnelles, et avec elles, nous sommes le jardinier qui sème. Qui sème à l'intérieur de lui et par conséquent dans l'univers :

« *Son observation.*

« *Ses pensées.*

« *Avec une intensité, plus ou moins forte.*

« *Avec une certaine valeur plus ou moins élevée, plus ou moins éthique. Générées soit par le « non Soi conscient », soit par le « Soi latent », soit par » La résonance du Soi incarné conscient »*

Le libre arbitre.

Cet acte d'observer et ou de penser puis de faire, est le mouvement de notre « *libre arbitre* », cette condition intime qui représente notre responsabilité. Chaque difficulté, chacune de nos erreurs, chaque acte précieux d'où tout fleuri, sont bien souvent le résultat de notre libre arbitre. Bien que lorsqu'il y a compréhension et action sans choix, il ne semble plus être de la partie ; Il convient pourtant de dire qu'il est un passage obligatoire qui nous amènera peut-être à un acte sans lui demain, car cette liberté de choix, d'arbitre, peut être contraire au « *cri du cœur* », à la perception du cœur.

> *« Le libre arbitre est une grande responsabilité qui nous est donné dans cette vie. Peu importe la classe sociale ou la position dans une hiérarchie, cette responsabilité sera toujours au-dessus de tout ce que notre société impose. »*

C'est avec lui que nous traversons les âges, c'est avec lui que nous décidons de continuer une voie qui nous perturbe. Mais c'est aussi avec lui que nous gagnons les batailles. Je ne parle pas ici des batailles contre les autres ! Je parle des nôtres. Car le libre arbitre doit être en accord non forcé avec le prolongement implacable des « **vibrations** », de la Responsabilité et du Cœur qui nous animent.

En résumé : L'observation intérieure porte ses fruits, l'observation de la synchronicité et des petits cailloux nous en dit un peu plus sur ce qu'il se passe. L'autre réalité, celle de l'invisible guide nos pas. Chacun de nous fait le choix avec lequel il se sent le mieux pour expliquer certaines évidences. Nous pouvons demander de l'aide et des choses peuvent se produire sous des formes variées, cela ne doit pas être à mon sens une béquille, mais juste un soutient passager. Le libre arbitre est la partie de nous qui doit reconnaitre ce qui est sacré en Soi.

Chapitre 11

Tout est capté par l'invisible, un peu à l'image d'un « *big-data* » mais sur une échelle incommensurable, illimitée et infini. Certains nomment « *les mémoires akashiques* ». Un terme utilisé en ésotérisme pour exprimer que rien ne se perd, tout existe quelque part dans la matrice et reste disponible depuis toujours et pour l'éternité dans un espace ou le temps n'est pas. Disponible implique qu'il peut y avoir connections entrantes ou sortantes. Un échange, un lien, quelque chose dont nous n'avons pas conscience est là. Virtuellement il y aurait connexion entre tout et tout. Bien sûr pour notre mental cela n'a pas de sens car nous ne savons pas voir, aller chercher cette information comme dans un livre. Pour certain, la connexion semble possible. Le fait est que, regarder l'existence de cette mémoire, en mesurer la portée, a une influence sur notre vision des choses, sur nos comportements intérieurs. Peut-être avez-vous entendu parler des lois de l'attraction ? Certaines choses s'attirent, d'autres se repoussent et ainsi de suite, des amas d'ondes et de particules s'organisent en chimie, puis en vie. C'est-à-dire en « *ce qui est* ». La conscience agit au niveau quantique sur les ondes et les particules tel que nous l'avons abordé dans le chapitre 5. Alors nous pouvons souhaiter assembler toutes les pièces du puzzle pour avoir une image personnelle. Dans cet apprentissage, plus nous nous connaissons tel que nous sommes, pas nos illusions mais « *ce qui est* », plus nous voyons nos pensées et leur travail sous-jacent. Nous pouvons adoucir, amortir ou apaiser je ne sais comment dire, ces processus qui ne semble pas connaitre de limite. Ne pensons pas qu'il y ait quoi que ce soit à dompter ou maîtriser, mais lorsque ces processus sont à l'état sauvage, nous ne pouvons pas comprendre ce qui nous arrive. Il doit y avoir lucidité, car quelque chose se produit, il y a cause à effet entre notre état d'être et environnement visible et invisible. Alors, si nous nous apprenons à plus de visibilité, peu à peu l'état de tranquillité intérieure se propage. Plus de lucidité nous aide à laisser glisser ce qui avant adhérait. Au plus profond de nous-même, dans le quantique, dans cet espace immatériel, dans la conscience, la loi de l'attraction modifie la structure pour que nous nous amenions d'autres perspectives. Alors Je vous propose d'observer les choses de notre vie et les différents liens, en tout cas quelques-uns auxquels nous pouvons être le plus couramment confrontés.

Les liens avec nos connaissances.

Les êtres créaient des liens entre eux, du plus fort pour les rapports proches, au plus faible pour les rencontres ou connaissances superficielles. Nous pouvons aussi remarquer que parfois des liens forts s'établissent immédiatement avec certaines personnes, il y a une bonne fluidité. Peut-être ces rencontres ne sont-elles pas fortuites, cela ne veut pas dire qu'il faut rester ensemble jusqu'à la mort, mais l'univers a ses secrets. Dans tous les cas, ces liens sont matérialisés par un échange, qu'il soit visible ou discret. Notre vie s'accompagne de sympathie, d'affection, de tendresse, d'amour, et etc… mais aussi malheureusement de révolte, de colère, de désaccord, et de toutes sortes d'émotions. Ainsi s'écoule le naturel de chacun de nous en société. Un canal s'ouvre grâce à la rencontre. Il y a échange d'informations dans ce que nous avons de visible, nos paroles et nos comportements, qu'ils soient forcés ou naturel. Mais un ressenti prend aussi place. Il est ce que nous avons d'invisible, un des exemples est le fameux bonjour que nous avons évoqué précédemment. Il y a comme un échange de données que nous en soyons conscient ou pas. La personne en face le reçoit, quelle en soit consciente ou pas, que cela soit très fort ou très faible. Nous pouvons prendre pour voir autrement ces échanges de données, des faits qui se produisent dans notre vie. Il nous arrive de dire la même chose mot pour mot, au même moment. Il s'agit d'une parole qui jaillit de nos bouches de manière parfaitement synchronisée. Et le hasard n'est pas invité à cette table ! Nous allons attraper le sel en même temps. Chanter une chanson alors que l'autre l'avait précisément en tête. Dans un autre registre, nous pouvons aussi citer certaines personnes, qui sont un canal, elles aident les autres en leur donnant un certain nombre d'information qui leur est transmise par différentes voies. Sans être un canal aussi développé que certain, nous avons cette faculté d'émettre et de recevoir. Peu importe la source, la connexion ou la

raison, mais ces choses se passent, elles nous arrivent et il est difficile de prouver le contraire. Ces notions permettent une approche
des mécanismes possibles, ou en tous cas une manière imagée d'observer le phénomène.

Nous pouvons maintenant nous poser la question de l'impact que
cela a sur nous. Entendons que ce n'est pas parce que le courant ne
passe pas entre deux personnes, qu'il n'y a pas échange de données.
Par contre, plus nous sommes en contact avec les personnes, et
plus l'échange semble actif. Dans le cadre du travail par exemple les
rapports sont très fréquents. En étant attentif, on pourra noter que
nous avons en nous une tendance. Nous pensons accueillir le bon
et rejeter ce qui ne l'est pas pour notre bien-être. Mais cette vision
mentale ne connait rien à la réalité de l'invisible, ou de la contagion
négative, nous n'en avons pas vraiment conscience, mais notre ré-
sistance trouve ces limites, nos barrières s'affaiblissent. Ceci est une
des multiples raisons de l'état de stress de notre société. L'Être, n'est
pas assez considéré comme un Humain, un égal humain, j'entends
par humain, une personne qui ne sera pas rangé dans une catégorie de faible ou de fort, de riche ou de pauvre, d'intelligent ou
d'idiot, d'adroit ou d'incapable, de gentil ou de méchant et etc., car
un humain est un humain et nous en sommes tous quoi que l'on
dise. Nos divisions sectaires font que l'humain est utilisé comme
un individu de rentabilité. Les conséquences sont in-fine, tournées
vers la hiérarchie du pouvoir, l'écrasement et l'argent, soit à l'opposé
de l'épanouissement du Soi. La cause de désastres autant pour les
écraseurs que les écrasés, les décideurs que les impactés. Les uns se
coupent de leur vraie substance de vie, les autres de leur confiance
en Soi. Ce que je souhaite dire ici d'important est que par le lien
de la rencontre avec l'autre, famille ou pas, affinité ou pas, il y a
échange de données. Et cette vérité se pose, nous sommes capables
de synchronisation, notre être envoi, reçoit et partage de l'information, de l'énergie. Alors quelque chose doit changer en nous. Cet
extérieur, nous ne pouvons ni ne devons le combattre, vouloir le
maîtriser ou le manipuler, mais notre intérieur lui, grâce à une qualité de compréhension, peut capter sur une nouvelle fréquence et
agir également sur cette même fréquence. Le résultat est que ce qui
ne nous ressemble plus n'a pas de force d'accroche, de clou qui se

plante et qui nous blesse. Cela n'a rien à voir avec de l'insensibilité, mais lorsque quelque chose de neutre prend place en nous, il permet cela. L'énergie existe toujours mais nous ne nous sentons plus déstabilisés, blessés, frustrés ou malheureux. Comme nous avons compris en nous et reconnu le vrai du faux, nous pouvons agir tout en restant dans notre fréquence. Il ne s'agit pas ici d'une volonté, d'un acte mental, ni d'un exercice qui provient d'un protocole, mais d'une compréhension de Soi libre de tout cela.

Petite histoire du Bouddha et de l'homme en colère :

Un jour, dans la foule venue l'écouter, se trouvait un homme que la sainteté de Bouddha exaspérait. Il hurle des insultes à Bouddha, puis s'en va, fulminant de colère.

Longeant les rizières du village, sa colère s'apaise, et petit à petit, un profond sentiment de honte l'envahit.

Comment a-t-il pu se comporter ainsi ? Il décide de revenir au village et de demander pardon à Bouddha.

Arrivant devant ce dernier, il se prosterne et demande pardon pour la violence de ses propos.

Bouddha, débordant de compassion, le relève, lui expliquant qu'il n'a rien à pardonner.

Étonné, l'homme rappelle les injures proférées.

- « Que faites-vous si quelqu'un vous tend un objet dont vous n'avez pas usage, ou que vous ne voulez pas ? » demande Bouddha.

- « Eh bien, je ne le prends simplement pas » remarqua l'homme.

- « Que fait alors le donateur ? » s'enquiert Bouddha.

- « Ma foi, il garde son objet » répond l'homme.

- « C'est sans doute pourquoi vous semblez souffrir des injures et des grossièretés que vous avez proférées.

Quant à moi, rassurez-vous, je n'ai pas été accablé.

Cette violence que vous donniez, il n'y avait personne pour la prendre »

Le lien avec nos croyances.

Les croyances, les « *formes pensées* » : qu'elles soient politiques, financières, idéologiques, ou autres, nous adhérons souvent à un collectif. Lorsque nous croyons, nous appartenons, ou nous adhérons à un groupe de pensées, et là aussi une connexion s'établit. Il y a une rencontre subtile sur un plan énergétique. L'énergie de la pensée, de la conscience, ne connait pas la distance. Elles ne voyagent pas comme la matière, avec un moyen de locomotion ! Cette idée implique que la croyance nous relie à un vaste champ énergétique, mondial. Selon la puissance de celui-ci, nous serons influencés à un certain niveau de conscience par ces égrégores.

> ✍ *Égrégore (ou éggrégore) définition : est, dans l'ésotérisme, un concept désignant un esprit de groupe influencé par les désirs communs de plusieurs individus unis dans un but bien défini. Cette force aurait besoin d'être constamment alimentée par ses membres au travers de rituels établis et définis.*

L'énergie est absorbée et de la même manière que nous devons considérer la qualité des aliments pour notre corps physique, il s'impose à nous d'apprendre à gérer la substance énergétique que vont recevoir nos corps subtils. La pensée collective est une forme pensée. Je précise que la culture est une forme pensée puissante, mais qu'il en existe bien d'autres. Un collectif a donc donné naissance à une réalité. Celle-ci est ensuite alimentée et partagée sous forme d'énergie par ses participants. Peu importe leur langue, leur couleur, leur Pays etc… un canal s'établit et de l'énergie transite par celui-ci sans que nous ayons un contact direct avec les personnes. De la même manière que nos pensées journalières ont un impact sur nos proches, elles en ont un sur la société. Nos pensées plus celle des autres font une pensée collective. Elle devient une forme pensée puissante, dont la portée nous dépasse. Pour bien comprendre l'impact de cela nous pourrions dire en d'autres termes : nous ne sommes pas aussi innocents qu'on voudrait l'être concernant la situation mondiale. Nous vivons dans un environnement qui agit sur nous à travers différentes sources, nous sommes happés par cette force, nous pensons comme cette force et par ce biais, nous y participons.

« Nos pensées engendrent nos choix,
nos choix font la société»

Le lien avec l'information médiatique.

Se tenir informé n'est pas un besoin vital, mais un choix. C'est-à-dire que je comprends l'importance de m'informer du temps avant de partir en pique-nique, mais je ne suis pas obligé de tout savoir de l'information médiatique, même si l'information permet une forme de dialogue entre les gens, elle sera de toutes façon superficielle. Nous devons peser l'information que nous recevons à travers les médias, à travers les personnes, comprendre l'impact que cette information a sur notre intellect, comment tout cela agit sur notre croyance, sur nos humeurs. L'information est un pouvoir extérieur qui pénètre l'intimité. Nous sommes facilement happés par toutes sortes de technologies qui nous relient à l'information. Allumons la télé pendant un repas, soit nous sommes attirés par le son, l'image, ou ce qu'il se dit, soit c'est un brouhaha, soit plus personne ne parle si ce n'est pour débattre de manière plus ou moins colorée ce qu'il se dit. Regardons le téléphone au restaurant et nous ne participons plus à ce qu'il se passe en cet instant. Les informations reçues par ces moments de réception font souvent l'objet de notre dialogue avec les autres. Mais il existe un autre monde, notre monde, notre vie et l'expérience directe, la vie positive, avec ou sans action mais non immergée dans le brouhaha. Quand nous nous coupons volontairement de l'information nous pouvons vivre autre chose. Nos sujets de conversation ne sont plus les informations. Nos heures économisées sont une opportunité vers une source d'épanouissement, vers d'autres horizons, sauf bien sur si nous nous mettons à penser car le mental sait vite prendre la place de la télévision ou du téléphone. Alors évitant cela, nous nous donnons la chance de découvrir une manière de vivre renouvelable, flexible et attentive. C'est seulement à cette étape, ce moment-là que nous pouvons conclure si nous étions perturbés par le trafic. Nous avons le devoir de nous protéger, d'identifier s'il y a intrusion ou pas. Cette action n'est pas une colère mais une intelligence guerrière, pas celle qui donne des coups, mais celle qui les évites sans faire mal à l'autre. Le décor et les obstacles sont toujours là, mais quelque chose change.

Certains jeux qui sont proposés par l'industrie du divertissement véhiculent une « *vibration* » en lien avec ce qu'il y a eu de plus horrifiant dans la vie de l'humanité. La guerre, le combat, la violence ou même la vitesse, le culte de la beauté … Il peut être facilement observé en chacun la réaction, l'état d'être interne, suite à l'utilisation prolongée de ce type de passe-temps. Cela est encore plus visible sur l'enfant. J'entends bien l'adulte dire « *oui je suis conscient de cela et ne me laisse pas dominer par ce genre de choses* » et je réponds attention.

Il faut observer notre difficulté avec la notion du s'occuper. Car peut être sommes-nous trop concentrés pour regarder cela, ou pensons-nous qu'il est mal de ne rien faire, ou ennuyant de méditer sur Soi. Nous sommes agités et nous disons que c'est parce que nous sommes plein d'énergie, que nous sommes des personnes actives, alors nous faisons sans cesse quelque chose pour être satisfait. Au-delà des nécessités réelles de l'occupation, car bien sûr il en existe, cela ne cache-t-il pas une vérité ? En réalité, notre mental (l'ego) est parfois pour ne pas dire souvent en fuite. En fuite de quelque chose qu'il ne veut pas identifier, ou de l'instant présent, ou de « *ce qui est* ». Cela est logique, l'ego est le sujet pensant, donc s'il ne pense pas au passé ou au futur, il veut être occupé et c'est cette fuite que nous appelons occupation. Faire l'effort de regarder cette fuite et du pourquoi elle nous fait cet effet est pourtant d'un grand intérêt. Une fois que l'on a bien perçu cela, il n'y a pas de mal a l'occupation lorsque nous sommes capables de faire sans elle, que nous en sommes détachés. Mais cela est difficile, c'est pour cela que nous voudrions laisser de côté cette question. Je le répète, la société et la technologie nous sert et nous dessert à la fois. Elle remplit notre mental. Alors souvenez-vous que le premier réfrigérateur est arrivé en Europe dans les années 60. L'équipement massif de la télévision en France date des années 70. Les téléphones portables, pas les smart phones sont apparus dans les années 90. Bien que les sujets abordés dans ce livre aient toujours existé, la modernité et tout ce qu'elle a de beau à nous apporter nous a-t-elle- dépassée, ensevelit ?

« Non, je ne pense pas que tranquillité, intimité, sont les opposés
de l'action, du progrès, de l'échange
et de la simplicité. »

Nous pouvons tout à fait avoir une vie professionnelle, des occupations de type hobby et explorer les domaines cités dans ce livre. Tout cela n'est pas incompatible. L'observation de Soi peut se faire de manière permanente si l'être ne vit pas dans le brouhaha ! Ce n'est pas un problème de faisabilité mais c'est un problème du mental, c'est lui qui ne veut pas (Voir les deux schémas en page 44 et 45). Sur un plan personnel, nous devons comprendre que notre état d'être écrit une histoire, comme un parchemin qui trace notre vie et notre évolution. Chaque ligne d'écriture a sa couleur, sa résonance et son magnétisme. Le magnétisme attire ou repousse, cela est sa nature. La loi de l'attraction vient s'additionner à celle de la pensée. Elles sont indissociables.

« Dit moi avec qui tu te fais, je te dirai qui tu es. »
Alors nous pouvons écrire:
« Dit moi ce que tu écoutes, je te dirai qui tu deviens »

L'histoire de l'humanité n'est pas un long fleuve tranquille et toutes sortes d'ondes, d'égrégores, remplissent les mémoires du vide. Alors se laisser aller à la liste des émotions basses, s'alimenter de nourritures non éthiques ou adhérer aux croyances de groupes n'est pas une option qui fera grandir l'humain et notre société car le Soi ne peut pas être exploré dans le conditionnement. Nous comprenons que notre libre arbitre représente notre action dans ce monde, et que pourtant lui-même doit faire son chemin car il n'est pas vraiment libre. Nous sommes tous liés d'une manière ou d'une autre à un tout. Il ne sert à rien d'appartenir à un groupe, de suivre un gourou ou une idéologie qui va nous expliquer comment prendre nos propres décisions et comment aller sur notre chemin de vie. Oui, je pense que nous avons besoin d'aide. Je pense que suivre les petits cailloux nous fait rencontrer des gens, des lieux, des livres, des vidéos, et toutes sortes de belles choses, de beaux ressentis. Je pense que cela est essentiel et nous emmène sur le chemin. Mais pour parler du libre arbitre…, nous sommes les seuls capables et habilités pour faire nos choix et nos actes sans choix, gérer nos pensées ou les observer et faire de tout cela, notre expérience de vie. Nous comprenons aussi que l'information est un outil a double face, face je montre, pile je m'insinue. L'information est précieuse et utile, mais comme tous les outils elle doit être maniée et utilisée à bon escient au risque de faire mal. Ce que je veux exprimer ici est que nous avons besoin du tout pour comprendre et avancer. Ne rejetons rien sans observation, discernement, lucidité, clarté, libérons-nous du poids de la connaissance, de l'avenir et du passé, du conditionnement et des traditions. Quelque chose doit émaner de nous, de notre « *vibration* ». Cette rencontre avec nous ne peut se faire que dans une intimité non conditionnée, non modelée par la société, l'écrasement, le pouvoir, l'idéologie ou que sais-je encore…

> *« Le lien est ce qui nous relie au tout ; l'emprise est l'effet sournois qui n'a pas l'intelligence du cœur. »*

Le lien avec les plantes et les animaux.

La nature et toutes les créatures qui peuplent notre planète font parties d'un équilibre. L'homme moderne avec ses envies de grandeurs, de plaisirs, de conforts perturbe la vie qui l'entoure. Il en est devenu stressé. Stressé de manger de l'industrie et de la finance à tous les niveaux de sa consommation : Nourriture, boisson, énergie, plaisir, tourisme, locomotion, habitat, rapports humains, etc… Si tout ce que nous avalons, respirons, vivons, est rempli de cette énergie mécanisée, que peut-il nous arriver de bien ? Il est prouvé qu'une tomate qui a poussé dans un vrai jardin, sans apport chimique, nourrit bien plus qu'une tomate industrielle qui n'a jamais vu la terre. Le plan de tomate a une forme de conscience, ou une forme de sensibilité si vous préférez, comme toutes les plantes et les arbres qui aiment la musique classique, le chant des oiseaux, qui affectionnent l'association avec d'autres végétaux, fleurs et insectes. Ils réagissent à l'attention qu'on leur porte et les soins qu'on leur donne. Une tomate qui vient du jardin, a une énergie de vie, une existence qui la rend meilleure, meilleure au-delà du sens du goût, meilleure pour notre Soi qui a besoin de lumière. Nous pouvons parler ainsi de toutes nourritures, animales ou végétales. Même si nous devons manger pour vivre, la vie de chaque existence doit être respectée. C'est notre lien avec nos amis terriens, les plantes et les animaux.

« L'énergie créatrice, est vie, lumière, force divine, notre Être créait un lien énergétique avec TOUT. »

Nous ne pouvons pas changer le monde, mais nous pouvons changer un peu notre mode de consommation et ainsi ne pas devenir un « *consumateur* ». Nous pouvons harmoniser ce que l'on pense avec ce que l'on fait. Peu importe nos choix, nous sommes tous différents et dieu merci ! L'important c'est que ces choix que nous faisons, soient en conscience avec notre éthique personnelle. Que notre éthique personnelle soit structurée sur la base d'une observation profonde et sincère ou le plaisir n'est pas roi mais invité, discret. Nous devons nous sentir bien avec cela dans » La résonance du Soi incarné conscient ».

« Chaque centime que l'Homme dépense, il l'investi dans son devenir. »

Le lien avec les lieux, les objets.

Nous avons tous, étant enfant ou adulte, ressenti le frisson d'un lieu qui nous a impressionné. Qu'il soit magnifique ou apaisant, hanté ou lugubre, et etc. Nous aurons aussi certainement eu, de près ou de loin, connaissance que certains magnétiseurs ont la capacité d'agir à distance pour donner des soins. Ils n'ont pas besoin de nous toucher physiquement. Ils leurs suffit d'avoir un lien, ou un objet, une photo. Les lieux, les objets, les constructions, tout semble chargé de l'énergie en tant que trace créée dans son histoire. Il existe un lien entre choses et histoire la concernant ou la représentant. Dans certains cas cela va même plus loin encore. L'histoire d'un lieu s'imprime dans l'espace, au-delà de la construction même. Raser une maison hantée et en construire une nouvelle « *supposée non hantée* » ne va pas changer l'espace qui garde son empreinte. Il faut nettoyer le lieu de son énergie prisonnière en aidant celle-ci à poursuivre son chemin. Les géobiologues et toutes ces personnes qui ressentent, qui voient au-delà des sens communs vous le diront. Certains lieux sont tellement empreints d'horreurs comme les guerres, les sacrifices, les massacres, … que le nettoyage peut en devenir extrêmement difficile, voire impossible. Même si ces lieux étaient extrêmement positifs à leur origine avant le sacrilège, aujourd'hui, il ne fait pas bon les visiter, c'est même déconseillé. Il existe bien sur des lieux que l'on dit, cosmo-telluriques, qui sont empreints des forces positives de notre planète et du cosmos. Ces endroits élevés en énergie sont souvent construits d'édifices particuliers comme des abbayes, des châteaux, des roches etc… L'homme s'y sent bien et chacun de nous peut faire l'expérience de ces lieux, et peut être y ressentir quelque force. Nous savons créer cela dans un répertoire plus intime, nous transmettons à nos lieux de vie une ambiance. Les anciens mettaient du sel devant leur porte pour que le mauvais œil ne rentre pas avec l'invité qui pourrait l'amener. Le sel aurait des vertus purificatrices reconnues depuis la nuit des temps et nos grands-mères le disaient. Mais son utilisation concerne l'énergie de l'extérieur pour qu'elle ne pénètre pas vers l'intérieur de l'habitat. Nous comprenons que notre état d'être attire ce qu'il vibre et qu'à notre tour, nous le transmettons à notre espace, à notre maison, aux objets, aux personnes. Il est donc important de nous appliquer à rayonner au sein de notre intérieur pour que se diffusent la joie, l'amour et tout ce que l'on a de bon à y partager. Notre bienveillance, un attachement au choses simples de la vie sont aussi un puissant principe actif qui agit et s'installe dans la matière que l'on fréquente intimement. Nous ne pouvons pas tricher avec le sacrée si nous parlons de « *l'éclat* » des choses. Seulement la sincérité non mentale est reconnue pour agir en tant que tel, sinon ce n'est pas le même résultat.

S'ouvrir en lien avec le tout n'a rien d'utopique. Toutes ces notions de liens, de modes de penser, de causes à effets, d'environnements, de lois de l'univers, de l'attraction et etc… semblent complexes et difficiles à appréhender. C'est vrai et nous devrons peut-être reconnaitre cela toute notre vie, mais qu'importe, il suffit que l'on y trouve du sens pour que notre vision s'adapte à un mode opératoire intérieur.

> *« Apprendre puis Être, forment un couple dans un cycle éternel qui renforcent la Foi en Soi, la Joie et l'Amour »*

Une partie de nous prend toute sa valeur lorsque petit à petit notre « *serviteur* » prend le relais sur de nouveaux mécanismes. Le relais le plus important est certainement celui de nous réaligner en permanence avec l'instant présent. On comprend à quel point ce serviteur peut être utile lorsque l'on sait qu'il est notre outil. Ensuite nous pouvons lui définir avec le temps bien des tâches automatiques, à chacun de nous de les décider, mais comme regarder ses émotions, regarder instinctivement le bon côté d'une difficulté, remercier régulièrement et silencieusement ce qui peut sembler banal, comme un repas, un arbre qui nous fait de l'ombre, la lune qui est belle ou le soleil qui nous chauffe et bien d'autres choses. On comprend que cela s'est fait sous un nouvel angle de vue, une meilleure faculté à penser. Alors pour conserver notre précieux équilibre, une vérification effectuée par la » résonance du Soi incarné » sera toujours utile, cela nous permet de continuer notre chemin qui avance, et se dévoile, encore… !

En résumé : Nous prenons conscience que dans cet espace, ce vide plein qui nous compose et nous entoure, toutes sortes d'informations circulent. Des liens, des connections se créaient, il y a les influences et les courants liés à la pensée, aux émotions, aux lois de l'attraction, de l'univers. Des phénomènes de cause à effet qui échappent à notre sens de la réalité sont présents et œuvrent pour notre développement. Nous n'avons pas de visuel direct sur leurs effets car ils sont du domaine de l'invisible. Même si ceux-ci ne sont pas toujours de notre goût, il y a de grandes chances pour qu'ils nous soient tout de même destinés. Vu sous cet angle, nous rentrons dans un espace ou le hasard et la malchance résonnent avec surdité et fuite ! Notons qu'il est question de poser un regard seulement et uniquement sur Soi. Les liens et les égrégores agissent à double sens. Nous pouvons regarder que nos pensées sont en lien avec des personnes, des croyances idéologiques et collectives, des médias, des technologies, des jeux, des lieux et des objets, … Nous comprenons que le lien est ce qui nous relie au tout, mais que l'emprise n'est pas le message du cœur, l'amour ne connait pas l'emprise, le but et l'attachement. Nous avons la faculté de transcender notre vie dans une êtreté lucide, en approchant « **ce qui est** » par cette présence passive, en posant ce regard détaché du but, de l'attente.

Chapitre 12

Nous pouvons changer notre angle de vue, regarder la science, la biologie la conscience et tout le reste comme un tout. Les dictionnaires peuvent donner des définitions variées sur les mots, mais il y a quand même une infinité de manière dans la perception. La perception est libre, non défini et non fixe, ainsi que la manière de la partager. Nous sommes des enfants qui jouent et qui apprennent, qui croient qu'ils sont seul et sans surveillance dans un univers paradoxalement sans limite ni distance. Un univers fractal où bien des choses sont analogues. Nous pouvons laisser notre perception jouer avec cette beauté. Lui laisser entrevoir la non délimitation des espaces et des directions et la regarder stupéfaite et admirative devant l'immensité et l'amour de notre créateur.

∾ *Le tempérament : tempère les humeurs, c'est notre capacité, notre aptitude à gérer naturellement la chimie du corps et de l'esprit. Il est une aptitude à laquelle tout le monde a accès et qui n'a rien à voir avec le caractère. Mais bien sûr on peut tempérer un ou plusieurs de ces traits de caractère. Il faut surtout pour que ce soit constructif et authentique, que cela vienne de notre compréhension et non pas d'une répression ou d'un conditionnement. L'observation tempère.*

∾ *Le caractère : Nous avons beaucoup de traits de caractère qui nous sont propre. Impulsif, docile, affectueux, rebelle, fermé, ouvert, etc... Certains sont liés à la génétique, d'autres à la personnalité singulière dont la provenance est toujours inexpliquée par la science. Notre environnement met en évidence nos traits dans nos expériences, comme un miroir car l'univers a son secret de fabrication !*

∾ *Le système nerveux : extrêmement rapide, un vrai éclair qui va envoyer des informations à notre système hormonal.*

∾ *Les hormones : elles sont partout dans notre corps ! Elles travaillent avec le système nerveux. Le système nerveux est très rapide, de l'ordre de la milliseconde. Pour les hormones, même si certaine ont un effet rapide, globalement le système hormonal est assez lent de l'ordre de quelques secondes à plusieurs jours. Les hormones agissent sur cette chimie du corps très complexe, elles sont principalement produites par les glandes de l'hypophyse, l'hypothalamus, les gonades, les surrénales, la thyroïde et le pancréas, elles agissent sur des récepteurs situés absolument partout dans notre métabolisme pour induire des changements physiques, biologiques et psychiques. Nous avons de surcroit un système de régulation hormonal multi-étage provoquant des accélérations ou des freinages dans les effets, faisant ainsi des boucles. Cette complexité en nous qui recherche l'équilibre vital existe pour permettre une précision et une subtilité. Nos cinq sens ainsi que la pensée sont sans aucun doute des stimuli puissants de notre système hormonal.*

∾ Le comportement : Il est ce qui est vu ou ressenti par les autres mais a aussi des répercussions directes à court ou long terme sur nous et notre intérieur. Une partie de nos comportements est liée à l'éducation, aux conditionnements sociétal et à l'environnement, mais une autre partie est liée à nos états d'être que nous pouvons rattacher à la gestion d'un trio hormones, caractère et tempérament.

Un peu d'Humour

- Bonjour, je s'appelle glande. J'ai beaucoup d'occupation. Je capte en permanence des informations de l'extérieur, (enfin je crois ? Mais on va pas commencer par la fin !!!) alors à cause de ces infos extérieures, j'hormone beaucoup.

- Nous les glandes nous hormonons en permanence ! Un peu comme vous les humains, mais je crois que vous dites plutôt je pense beaucoup ? Mais nous c'est... pareil ! mais c'est différent nous on hormone tu vois ? Tu comprends la différence ? Bon c'est pas grave…

- En fait glande c'est mon nom commun, mais sinon je s'appelle personnellement gonade pour les intimes. C'est moi qui gère un peu tes testicules ou tes ovaires. Alors l'autre jour j'étais en train d'hormoner comme d'habitude et je me suis rendu compte que mes cousines les enzymes avait pris mon hormone et avec ses copines elles ont hormonées à quelque chose d'autre. Alors ce qu'il faut que je te dise c'est que quand nous les glandes on hormone, hé ben ça va partout dans le sang. Et c'est pour ça que c'est disponible pour les autres !! Mais du coup, comme elles ont hormoné elle aussi et bien elles ont changé mon hormone dans le sang, le résultat est plus le même !!! les vaches… Bon c'est vrai que j'avais un peu trop hormoné !!! Alors papa hypophyse et maman hypothalamus veille au grain, heureusement ils sont intervenus avec leurs neuro-hormones pour que le sang ne se mette pas à bouillir, parce que sinon il y aurait eu une chatastrophe. J'te dit pas les émotions.

- Oui j'ai oublié de te dire, le sang c'est notre réseau 7G. Mais vous vous dites l'espace qui vous entoure, je crois ? ou que vous appelez ça l'air, ou le vide ? Vous avez plein de nom pour dire la même chose… Mais enfin tu vois c'est pareil que le sang ! Non tu vois pas… Bon c'est pas grave. Alors partout dans le corps-Cosme (pour toi c'est l'univers) y a des récepteurs qui sont ouvert à mon signal quand j'hormone, un peu comme vos télévisions. Si t'es pas abonné, ben tu reçois pas le signal tu vois ? Oui ! a cool cette fois ! Ben du coup, quand le récepteur est allumé, il reçoit tout le programme, après il sait faire, il transmet la chaine non codée. La chaine protéine bien sûr pas canal +. Mais toi la chaine non codé, tu veux pas voir ça, parce que pour voir tu crois que dans tes yeux et dans l'air tu vois rien, alors ben... tu peux pas voir, t'es frustré ? a c'est con… Ben moi je suis peut-être une glande mais j'y vois. Haha ha.

- Alors comme on s'approche de la fin, y a quand même un truc qu'il faut que je te dise. Range tes yeux et écoute-moi... On est une équipe tous les deux. Quand tu penses, j'hormone, quand des informations de l'univers de ton vide, ton espace ou ton air, tu sais quoi on en a parlé tout à l'heure. He ben quand ils ont un contact avec tes sens, j'hormone aussi.

- Bon je sens qu't'es prêt là... alors figure toi, que ton vide à toi là, hé ben c'est comme mon sang !! Alors ouvre tes ré-cep-teurs, ton cœur aussi ! a-pprend à voir au-delà d'tes yeux. N'imagine rien, mais apprend à tempérer, parce que moi, j'hormone pour toi.

Chapitre 13

La connaissance semble donner ce que l'on appelle le pouvoir dans une certaine forme. Beaucoup d'entre nous étalent leurs connaissances car elle représente une chose précieuse aux yeux du détenteur. Pourquoi en est-il ainsi ? Nous allons à l'école, nous faisons des études, simples ou supérieures. Nous travaillons et nous apprenons un métier. Nous accumulons de l'expérience. Nous considérons cela comme étant notre valeur et nous espérons encore progresser pour accumuler plus de savoir. Nous aimons devenir quelqu'un d'utile, d'efficace. La connaissance permet de faire un bon gâteau, de construire un mur, de mettre un satellite sur orbite ou simplement d'être débrouillard. Il y a aussi les connaissances de personnes, Pierre a rencontré Pauline et maintenant ils se connaissent. Ou bien Pierre connait tellement de monde ! Il y a la connaissance dites non technique, qui est basée sur les dire d'un autre, ou sur les lectures. Celle qui est mémoire des autres, réussites des autres, les expériences aussi. Que ce soit la connaissance de personnes ou de savoir, il semble que plus nous en avons et plus nous nous sentons bien et fort. Et forcément dans le cas contraire mal et faible. A part quelques exceptions, la société et la façon de voir culturelle classifient et hiérarchisent la population en compétences. Le pouvoir d'achat de nos foyers dépend de ce paramètre. Le regard des autres valorise l'être suivant la quantité de connaissance qu'il possède et la réussite ou la notoriété qu'il a acquise grâce à cela. La capacité à se connaitre, qui n'est pas de la connaissance, mais de « *la compréhension de Soi* », ne semble pas faire partie des critères de connaissance dont la valeur est estimée par les autres dans notre société.

> *« Nous avons fait de la connaissance un indice de valeur humaine ».*

Mais la connaissance est-elle une valeur absolue ? C'est-à-dire est-ce un savoir vrai pour tous et pour l'éternité ? Une connaissance acquise personnellement ou provenant de l'extérieur, peut-elle être appliqué dans tous les cas de figure ? Les connaissances ne sont-elles pas dans l'histoire d'une vie ou de l'humanité, remises en question ?

La connaissance technique est fort utile car elle permet de se baser sur un acquis pour réaliser une tache ou prendre une décision technique. Ensuite elle évolue selon de nouveaux paramètres et elle peut être transmise, partagée, explorée et exploitée par d'autres. Mais dans les mouvements, ou les choix de notre vie, la responsabilité ou le libre arbitre, interviennent pour agir ou prendre des décisions. De quoi parle-t-on ? Sur quoi se base-t-il ?

Si nous parlons de décision technique et que nous nous appuyons sur des dires appelés connaissances techniques, suivre une recette de gâteau pour faire simple, dans ce cas, au pire le résultat sera trop sucré, trop sec, et au mieux excellent selon notre goût. Mais qu'en est-il si nous parlons d'une décision non technique, qui touche à notre avenir par exemple. Nous pouvons encore une fois nous appuyer sur des dires, des conseils, des écrits, des protocoles, toujours appelés connaissances extérieures. Nous voyons ici que la connaissance qui est une mémoire, qui certes est un point d'appui, a aussi sa limite car la question est : peut-elle prendre en compte tous les paramètres de la situation ? En tout cas si l'on s'en tient à l'érudition. Avant de définir cela, voyons d'abord ce que nous amène la compréhension et en quoi elle se distingue de la connaissance.

La compréhension .

Si la compréhension devait se positionner sur une valeur d'étage par rapport à la visibilité, nous allons voir qu'elle serait sur celui qui est au-dessus de la connaissance. La connaissance d'une recette pour faire un gâteau, aussi précise soit-elle, n'est pas la compréhension du processus pour le faire, de la qualité des ingrédients, du fonctionnement du four et de notre enfant qui cherchait « *doudou* » !! Cette compréhension permet d'accepter que le gâteau n'est pas toujours le même goût si certains paramètres venaient à changer. On voit que la compréhension de « *ce qui est* », permet d'accepter que le but change ou qu'il faudra appliquer une autre méthode qui nécessitera un nouveau calage et cela vaudra autant de fois que « *ce qui est* » change.

Dans un contexte non technique, impliquant un choix d'avenir, peu importe son importance, la recette est remplacée par la concertation, les pressions extérieures, les conseils, les croyances, la naïveté, le vécu d'une situation enregistrée comme expérience, l'habitude et etc....Il s'agit de mémoires des uns comme des autres et raisonner pour prendre une décision sur ces seuls appuis engendre forcement la confusion avec son lot de perturbations. Elles peuvent être les peurs, l'insécurité, et ainsi de suite, mais la perception et la compréhension de « *ce qui est* » doivent faire parties de l'équation.

> *« L'écoute attentive et non pas ce que l'on pense à travers la mémoire est notre défi salvateur ».*

Dans la compréhension, lorsque le libre arbitre intervient et entendons qu'il est sensé gérer uniquement l'art et la manière, l'action c'est déjà imposée d'elle même sans choix car il ne pourrait en être autrement. Le choix et très souvent lié à la confusion, car il faut choisir entre ceci et cela. La compréhension écarte le choix pour laisser place à la décision, l'action. Dans ce cas, « *ce qui est* » n'est aucunement négligés et nous savons aussi qu'il est en perpétuel mouvement. Cela indique qu'il y aura une évolution pouvant remettre tout en cause demain, l'action présente est libre de changer car elle observe non pas hier, mais maintenant dans sa globalité la plus large. Une mémoire ne peut pas, ne doit pas, car elle ne sait pas prendre de décision sincère. Sincère et en accord avec notre Soi profond, lui-même responsabilisé par l'intelligence qui naît du non conditionnement et de l'observation du présent. Ceci est, la compréhension. Et ceci est, différent de la connaissance.

Nous voyons qu'à un certain niveau, la connaissance est aussi instable que l'idée fixe. Elles sont des paramètres qui peuvent à tort, verrouiller notre libre arbitre sur un point défini comme invariable et par conséquent interférer ou aller à contre-courant de notre réelle capacité à percevoir. La compréhension est le résultat de l'ouverture à se connaitre, à ce qu'il se passe dans l'instant présent, en nous et à l'extérieur. En d'autres termes, elle est avancement du Soi et de cette responsabilité qui écarte toute mesquinerie. Elle comprend l'impact visible et invisible des actes, ainsi que ce que la spontanéité peut apporter en tant que clarté. Elle est un instant vu grâce à notre attention totale, qui n'est en rien notre pensée mécanique, notre mémoire. Le chemin demande que l'équilibre soit trouvé dans cette danse, dans l'équation de la compréhension, de la connaissance, de ce qui est en mouvement, de la place que doit tenir notre libre arbitre et etc... Nous voyons à quel point tout ceci est complexe et à quel point l'humilité est la première réserve dont il faut se prémunir à chacun de nos pas.

*En résumé : Ce que nous appelons connaissance et qui est fort utile à notre vie de tous les jours, peut aussi devenir une entrave à la compréhension de « **ce qui est** ». La connaissance est une pièce à deux faces, l'une est savoir, l'autre est enfermement. Le mouvement de la vie est une éternelle naissance, un pied vers l'inconnu. Dans cet inconnu, s'il est regardé seulement à travers la connaissance, notre mouvement ne pourra jamais se nommer, acte responsable.*

Observer, révéler, libérer, agir, animer.

Lorsqu'au contact avec la compréhension, nous comprenons, ou percevons ou peut-être nous sentons l'énergie de ce principe, alors en tous les cas, nous avançons le long de ce processus dans l'acte d'observer, révéler, libérer, pour agir et animer la vie dans son quotidien. Nous ne souhaitons plus suivre les yeux fermés un protocole, un programme que d'autres ont fait ou écrit et qui nous prend la main pour rentrer dans un objectif bien rodé, moulé. Que ce soit pour les domaines techniques, technologiques, rituelles, de traditions, de cultures, que ce soit pour une supposée illumination, ou vouloir se sauver, éviter un jugement dernier par peur, rentrer dans une croyance, une politique d'idéologies, un concept, une sclérose de plus et etc... Nous avons cette conscience des dangers ou des possibles effets que représentent les pratiques venant de l'extérieur et de leurs impacts sur notre mental, sur leurs tendances qui nous insinuent vers l'éloignement de Soi. Alors nous savons tout cela et nous éloignons ou rejetons ce qui doit l'être pour y voir clair, pour créer de l'espace à l'observation. Observation qui prend d'autant plus de place qu'elle nous libère d'un fardeau. Le silence intérieur émane autant du rejet du brouhaha que de notre progression vers cet espace qui progressivement se révèle à notre conscience. La conscience qui nous libère de ce que nous sommes, de « *l'image du Soi* », de nos blessures, leurs racines, des blessures que nous produisons sans cesse aux autres sans le savoir, sans même le faire exprès. La conscience qui nous libère de cette pensée qui fragmente, de cette division que nous entretenons et qui représente le conflit interne et externe. Bien sûr, le monde avec ces souffrances et ces inepties, tout cela ne disparaît pas. Nous voyons bien ce qu'il se passe, nous y sommes même sensibles plus que jamais et nous en voyons aussi le danger en nous comme chez les autres. Voir ce danger nous ordonne aussi de ne pas en être et la lucidité de cette vue globale accompagnée de nos comportements responsables nous libère. Vouloir être en accord ou croire en tous ces fardeaux, revient à ne pas porter attention dans le respect du Soi, car dans ce cas, nous ne nous sommes ni compris ni acceptés. Quand avec le plus grand des sérieux, nous regardons cela en face avec responsabilité, alors vient un élan, un élan pour agir, animer sans participer ni en action, ni en pensées à tout ce désordre. Un élan pour faire en se respectant. Nous voulons Vivre avec ce respect intérieur, le cultiver même. Alors le temps passe, voire les années déjà et peu à peu nos valeurs s'installent et se fortifient. Elles prennent forme en une sorte d'éthique personnelle qui cherche à capter le courant de « *ce qui est* » pour agir et faire face à l'univers qui nous entoure. Bien sur ces lois ne sont pas écrites ni bien claire pour certains aspects de notre quotidien. C'est certainement à cause de la confusion qui existe encore en nous. Nous sommes alors renvoyés à notre libre arbitre et à notre sagesse, si possible grandissante ! Nous avons appris à nous méfier de notre expérience, nous nous changeons nous même et nous arborons nos valeurs propres dans »la résonance du Soi incarné »

Mais il est intéressant de voir comment nous pouvons nous laisser piéger à notre propre évolution. Ce que nous incarnons à présent, a à juste titre une valeur pour nous, pour l'avancement que nous considérons avoir effectué et dont nous voyons le chemin parcouru. Nous ressentons un certain besoin d'affirmation de cela et parfois même de transmission, comme un acte d'échange et de partage, car si cela est à la portée de tous de se décider à avancer sur le chemin de Soi, ce n'en est pas moins difficile pour les uns comme pour les autres. Mais comme notre expérience est unique en Soi, le partage sera seulement celui des mots et ou de l'action d'être. Il se peut que l'idée ou l'action soit appréciée, acceptée, mais l'attente/but d'un changement du monde ou de l'autre ne peut que créer une nouvelle division. Division interne et externe. Alors peut-on se demander, ce que nous incarnons aujourd'hui nécessite autant « *l'élan* » que le don de Soi, mais ce don de Soi, le fait-on dans l'attente d'un retour ou celui d'un avancement de l'autre ? La question est pertinente, car dans les deux cas, nous prenons très certainement le risque d'être dans l'illusion de quelque chose.

Les états d'être de chacun ne permettent pas à l'humain de trouver satisfaction autant qu'il semble en avoir besoin. Je ne dis pas que cela n'arrive jamais, car nous sommes des êtres sociaux avec de bons moments de partage de valeurs et de joie. Mais nos humeurs sont changeantes malgré tout, des blessures sont aussi encore présente et ce pour diverses raisons. Alors ces valeurs que nous incarnons peuvent trouver une limite selon l'intensité que nous lui donnons et selon notre sincérité face à nous ainsi qu'aux résultats quelle produit. Les résultats sont-ils à la hauteur de nos attentes ? Et pourquoi a-t-on encore émis des attentes ? Nous sommes encore une fois mis à l'épreuve sur le chemin de notre vie. L'amour propre peut se trouver frustré, blessé, inquiet ou déçu de ce manque de compréhension, de ce manque d'adhésion à nos valeurs propres qui à nos yeux seraient tellement utiles pour l'humanité et la vie en communauté, pour la famille, les amis et les autres aussi. Une chose évidente, c'est que tant que nous ressentons des colères, des blessures et des frustrations, nous devons regarder de près ce qu'il se passe en nous. Peut-être nous ne nous sommes pas respecté encore une foi ou pas bien compris. Nous devons trouver une meilleure voie que celles de la déception et des sentiments ou actes qu'elle sait appeler. Nous semblons revenir inlassablement à la notion du but, ou à la notion de l'impact sur notre propre être, le désir, la blessure et tout le reste. C'est vrai, lorsque nous avons cette force d'avancer, nous avons aussi cet espoir, l'espoir dans l'avenir. Mais il n'est pas présent !

Alors gardons ce cap, car cette valeur qui vibre en nous ne doit jamais rechercher le but, l'avenir, la protection ou l'abandon, mais elle doit exister.

> *« Cette valeur est bonne en nous*
> *quand on comprend le respect de Soi,*
> *Elle n'est pas pour que l'on espère, que l'on attende*
> *ce que cela va amener de mieux à nous, ou à un autre.*
> *Elle est, parce qu'elle n'a pas le choix d'être, autrement ».*

Il y a des situations, des comportements qui sont du domaine de l'ordre des choses, d'un partage des taches dont la cohérence sort d'un modèle appris. Les modèles ne tiennent pas compte de « *ce qui est* », mais « *ce qui est* » ne doit pas devenir une habitude car à ce moment-là ce n'est plus « *ce qui est* », mais ce que c'est devenu. Et ce que c'est devenu n'est peut-être pas un respect de Soi. D'un autre côté, si l'on conçoit que la vie se manifeste dans la relation à l'autre et que cette manifestation doit se révéler sans blessures, nous devons y engager notre énergie et notre art, car nous ne pouvons le faire que dans le libre arbitre. Le travail et l'observation de Soi ne doit pas s'en tenir à la seule évolution de notre façon de voir et de regarder les choses qui nous entourent et de ce dire, c'est bon ! La danse doit se faire également avec ce qui est mis sur notre chemin et cela implique autant la responsabilité que le respect de Soi. Nous avons tous beaucoup de blessures, enfant nous entendons sans cesse ne fait pas ci, fait pas ça, adolescent nous nous rebellons, et adulte nous nous refusons à faire certaines choses pour des raisons qui nous sont propres. Alors, d'un côté la société nous amène tous ce qu'elle a à vendre sur un plateau avec la consommation et la destruction sans fin et de l'autre, si l'autre peut faire cela, nous n'allons pas nous en plaindre, profitons-en ! Nous arrivons ensuite sans savoir à un point où cela est devenu incontrôlable et normal, ou nous pensons que et peut-être que l'autre le fait par plaisir... Mais tous ce qu'il se passe autour de nous est-il normal ? Nos comportements sont-ils justifiés ? Nous pouvons inclure également des choses quotidiennes qui ont été attribuées automatiquement à l'un ou à l'autre sous couvert d'une normalité, d'un sexe, ou de je ne sais quelle raison. Dans la vie dites organisée par les systèmes, c'est-à-dire les états, les armées, les entreprises etc… et que nous montrons du doigt, des actions ont été menées pour pallier au problème des comportements. Ils ont mis en place les lois, les punitions et les amendes. Le diviser pour mieux régner est devenu très intelligent, caméléon, redoutable. Et nous même, au plus profond de nous, à cause de nos blessures, nous avons créé le jugement, le fait de râler, la vengeance et bien d'autres inepties. L'évolution de la conscience est peut-être un pont pour l'évolution des comportements liés à l'ordre des choses matérielles et quotidiennes, interrelationnelles.

Le respect de Soi.

Ce n'est pas parce que quelque chose vient entraver notre chemin et nos valeurs que nous devons le renier ou faire l'autruche, mais nous devons pourtant faire quelque chose en nous pour faire face. Notre équilibre, notre espace intérieur et notre propre respect, (l'amour propre) sont sans aucun doute les fondations qui permettent à la fois d'être attentifs à ce qu'il se passe et de donner un peu de Soi pour l'autre, même s'il y a déséquilibre momentané car nous comprenons le sens de cet acte passager. L'épuisement, s'il devait se produire, est la conséquence de quelque chose que nous devons voir, comprendre en nous, pour agir là où il le faut et comme il se doit, sans laisser la pensée faire son chemin de division et de fragmentation mais en posant sa responsabilité. La distorsion est visible quand par non compréhension nous avons laissé se créer une image du Soi. Dans ce cas nous pouvons parler de l'application d'un protocole du Soi et non du Soi appliqué. La compréhension ne peut pas être habillée de frustration, de colère et de « *vibrations* » basses car dans ce cas nous ne pourrons pas parler de compréhension, mais d'image du Soi fabriqué. C'est pourquoi l'Amour propre est un chemin, pas une image.

*En résumé: Le mot observer prend peu à peu sa place dans une définition nouvelle en nous, nous jouons avec le silence intérieur pour se recentrer sur le courant de « **ce qui est** ». Alors se révèle plus clairement le chemin dont nos élans indiquent la direction. Sur cette route, le respect de Soi n'est pas mince affaire, à la fois une fondation du développement personnel et une feuille aux quatre vents agitée par les saisons.*

Chapitre 14

L'immense, l'éternel, l'incommensurable, l'innommable, a donné matière à la nature des choses, a permis de percevoir en tant que tel, nous a doté d'un corps multidimensionnel d'une rare beauté. Sans chercher ni prétendre expliquer ce que nous sommes, ni comment ça marche, nous pouvons quand même aborder le sujet et faire une brève présentation. Il existe, en tout cas dans ce qui représente la conscience humaine, la perception d'une multitude de couches qui nous composent, des corps subtils emboîtés les uns aux autres un peu à la manière des poupées Russes. Dire combien il existe de ces corps semble hasardeux, mais quatre d'entre eux sont assez rependus, connus.

Notre corps physique échange avec trois autres corps subtils dont nous pouvons définir l'ensemble ainsi :

- *Le corps physique*

- *Le corps énergétique appelé aussi double éthérique ou corps vital ou Corps pranique ou corps bioplasmique...*

- *Le corps psychique appelé aussi corps astral*

- *Le corps mental*

- *Etc...*

Notre corps énergétique fonctionne comme une interface entre le corps physique et le corps astral. Il est composé de nos chakras dont les 7 plus connus sont : le coronal, le frontal, la gorge, le cœur, le plexus, le sacré, le racine. Nous ne savons pas combien il existe de chakras mais nous pouvons penser qu'il y en a beaucoup. Il y a peu de recherche dans le domaine et peut être que les avancées de la science nous en dirons plus un jour... Les chakras ont la fonction de véhiculer de l'énergie, de l'information entre le corps physique et le corps astral ou inversement. Ils sont reliés entre eux par les nadis ou méridiens (interchakras).

Le corps astral : Il est le véhicule utilisé par la conscience pendant les OBE, il est également le siège de nos émotions et de nos sentiments, mais il a certainement sa propre génétique, une trace. Nous pouvons en observant l'enfant, constater que au-delà des résonances émotionnelles qu'il reçoit puis incorpore venant de ces parents, la figure d'attachement, il vit aussi ces résonances par sa personnalité propre, sa singularité. On pourrait dire alors que le corps émotionnel a aussi une génétique mais non parentale et qu'elle reste malléable. Son contenu peut être modifié aussi bien par une résonance différente des parents qu'ensuite, adulte, par le corps mental de l'être lui-même. En apprenant de Soi, nous voyons qu'il est modifié par notre réalité et représentes-en cela notre capacité à vivre un mouvement singulier, intrinsèque. Nous constatons également par nous même que sur une certaine mesure, nos cellules physiques perçoivent clairement ses mouvements pour à leur tour se modifier à travers le principe mis en évidence par l'épigénétique. Le cheminement dans la compréhension de Soi montre une évolution de notre corps astral (centre des émotions) et évite que celui-ci vienne polluer notre corps physique inutilement. Nous ne pouvons pas affirmer, que par-là, nous allons éviter toute maladie, mais nous pouvons soutenir, que par-là, nous diminuons considérablement nos mots habituels.

Le corps mental : Il n'est pas que le siège de nos pensées, il est une reliance. Nous pouvons décider que le corps mental prenne place dans l'idée d'une » Résonance du Soi incarné conscient ». C'est-à-dire que notre corps mental écarte l'image du Soi, s'observe et voit peu à peu s'établir un nouvel équilibre, un accès à de l'espace, jouissant d'un silence dans la sphère intime comme épanouissement et floraison. Sous forme d'image, nous pourrions dire que la fleur a sa couleur, son parfum. La fleur n'est pas l'abeille. L'abeille est une pollinisatrice de la conscience au-delà de notre conscience. Le parfum de la fleur peut être humé, mais ce sont les abeilles qui pollinisent et font le miel.

« Je propose ici l'idée que notre fonction est d'être, plus que de vouloir que les autres ou que les choses soient. »

*   Le karma définition : Principe fondamental reconnu par les trois grandes religions indiennes et reposant sur la conception de la vie humaine comme maillon d'une chaîne de vies (samsâra), chaque vie particulière étant déterminée par les actions de la personne dans la vie précédente.*

A titre individuel et de manière simple, nous savons que planter des graines de carotte ne donne pas des choux, mais pour la plupart d'entre nous, nous n'avons pas d'expérience directe qui nous amène a l'identification du Karma des vies. Avec de l'observation, du discernement et de la lucidité, nous voyons que beaucoup de parties stagnantes, bloquantes en nous peuvent être transcendées. Alors, il ne faut pas se scléroser en regardant ce que nous avons ou pas été dans le passé proche ou très lointain, si ce que l'on a fait était le bon choix et de se morfondre ou encore de se demander si le karma existe ou pas. Ni de savoir si nous aurons encore le temps ou pas. Non, les informations collectées de notre vie sont bien utiles mais en faire des tortures ou des échappatoires est inutile, contre-productif et dénué de sens constructif. Il faut Être, tout de suite là dans le présent sans absence ou pensée fragmenté, il faut être non divisé en nous, c'est cela la vraie méditation, observer pourquoi je suis divisé en moi.

*En résumé : en lien avec notre corps de chair, nous avons nos corps subtils qui travaillent de concert. Nous connaissons notamment le corps émotionnel, nos chakras et tout notre système énergétique. La prise de conscience dans ce que je nome « **la résonance du Soi incarné** » permet l'évolution de notre corps émotionnel. Ce mouvement interne de changement de perception créait un nouvel état d'être, un nouvel environnement pour nos cellules et notre conscience.*

Le temps.

Il est un mouvement et il existe toutes sortes de temps. Le temps d'un point à un autre, le temps que durent les roses, le temps qu'il fait,

le temps qui est de l'argent, le temps perdu, le temps d'apprendre...
Nous pourrions développer tous ces temps sur un seul livre, mais
nous allons seulement regarder ici « *le temps que l'on prend* ».
Nous semblons toujours manquer de temps. Notre société invente
des moyens pour gagner du temps, les machines, la technologie,
les immenses centres commerciaux. La vérité est que nous n'avons
plus le temps alors nous avons besoin de machines, de rapidité, puis
de repos, de vacances, de pauses et de sport pour évacuer le stress.
Mais que faisons-nous lorsque nous avons du temps ? Nous l'em-
ployons bien souvent à errer dans une direction ou une technologie
pour nous divertir. Pourtant il faut du temps pour prendre soin des
choses, pour les respecter. Respecter les choses simples de la vie,
respecter dans la simplicité chaque aspect, chaque objet, chaque vie
procure à Soi du bienêtre. L'amour propre se trouve dans ce respect
loin de la propension consommatrice de machines, de biens et de
temps. La vie personnelle n'est pas une entreprise industrielle. Il y a
l'industrie et il y a la vie, les deux doivent être respectées.

La méditation.

Elle se pratique de différentes manières, mais elle ne suit qu'un seul
mouvement, celui du présent. Elle est indispensable à notre existence. Elle est un acte qui permet de déverrouiller, de nettoyer en
profondeur et d'améliorer la circulation de nos énergies. Je ne peux
que vous conseiller de la pratiquer car elle est pure observation.
Une quantité incroyable de méditations guidées vous sont proposées sur Internet ou sur des enregistrements, mais ce ne sont que
des moyens de relaxation dans lesquels nous suivons au mieux ce
que l'autre dit, c'est alors une concentration relaxante basée sur une
non existence, qui endort l'esprit et donne une sensation de plaisir.
Cela n'est ni plus ni moins nocif qu'une séance de bronzage, nous
pouvons le faire, mais ce n'est pas la méditation dans le sens que
je souhaite véhiculer. La méditation est perception de tout ce qui
prend place en nous, et qui peut être observé, mais ceci doit se produire dans un silence mental. L'analyse par la pensée de ce que nous
voyons, ressentons ou entendons, le fait d'interpréter, c'est beau,
c'est coloré, et etc.… nous éloigne de la pure perception. Pour comprendre à quel point nous sommes dépendant de ce que nous avons

114

appris, nous pouvons dans un calme établi, regarder une plaque d'immatriculation. Nous constaterons alors avec surprise que notre aptitude à regarder les chiffres et les lettres sans les nommer à l'intérieur de la tête nous est très très difficile :

(JQ-757-BF)

Dans cet exercice, il n'est pas question d'être le regard hagard ou perdu dans le néant. Le cerveau doit être parfaitement actif, vif et en totale attention, comme celui d'un animal sauvage qui est à l'affût du moindre bruit, de la moindre feuille qui bouge, mais il n'y a pas, ou dira-t-on le moins possible, la distorsion de la pensée. Ayant ainsi compris le principe et la différence entre la pensée et l'observation, nous pouvons suivre les vents intérieurs comme les choses de l'extérieur. Arrêter le temps qui s'écoule habituellement en pensées pour le voir s'installer en présent. La plaque d'immatriculation reste quelque chose de redoutable car nous pouvons être dans le présent mais toujours dépendant de sa mémoire. Il y a là une méditation profonde sûr qu'est-ce que la mémoire, quelle place occupe telle, suis-je conscient de sa force en moi ? Etc...

La méditation n'est pas de faire cela dans un espace précis, ni de mettre des bougies ou d'être dans quelques rituels que ce soit. La méditation trouve sa place n'importe où, certes la nature est un environnement qui dégage une énergie particulière et bien sûr il est bon de se baigner dans cette merveille ou tout simplement dans l'arbre d'en face à travers la fenêtre. Mais nous remarquerons avec le temps que méditer est un acte qui se situe dans bien des situations. Nous pouvons le faire pendant que l'on écoute, que l'on est dans des moments où les relations provoquent des effets sur nous, mentaux ou physiques et ainsi de suite. Cette habitude de méditer nous procure une facilité à regarder et observer le Soi tel que nous en parlons depuis le début et c'est cela, qui représente la vraie méditation. Nous pouvons voir ici que nous avons besoin de cette attention aiguë. Nous sommes lucides sur le pouvoir de la mémoire, sur les désirs et les attentes, sur le serviteur et ainsi de suite. Nous voyons aussi qu'il est précieux de ne pas mentaliser nos émotions par exemple, mais juste de les voir. La méditation nous permet alors d'agir sur ce qui nous est nécessaire personnellement et qui sera différent des besoins et nécessités de notre conjoint ou du voisin. Elle nous permet d'agir car elle rassemble compréhension de Soi et moment vécu, avec la visualisation du vrai ou du danger perçu que nous ne voulons plus, pas plus que mettre la main dans le feu car nous connaissons, nous savons, nous voyons les dégâts de cet acte irresponsable. La méditation n'est pas une science que l'on apprend comme un métier, il n'y a aucun bon professeur pour nous à part nous, celui qui veut être professeur dans ce domaine doit rester le professeur de lui-même. Personne ne nous apprend à marcher, car personne à par nous ne peut le faire. Même si papa ou maman ont tenus la main, pour y arriver, nous n'avons jamais lu de livre ou suivi de technique, nous n'avons pas été conditionné par une idéologie. Nous apprenons à méditer comme l'on apprend la simplicité, comme l'on apprend à marcher. Ce déplacement nous plaît, il nous permet d'explorer, alors nous pouvons marcher, méditer, explorer dans la plus totale liberté.

> *« Voilà… méditer n'est pas plus, n'est pas non plus moins, que de la liberté totale. »*

En résumé : La maitrise du temps est la méditation, elle ouvre les portes du respect universel car l'effervescence sociétale n'est pas la vie intérieure. La méditation constante est perception pure, liberté totale. Elle n'est rattachée ni à une illumination, ni à une technique. Elle est observation de Soi, pendant l'observation de « ce qui est », elle est pendant nos actions journalières, ou pendant des moments de recueil et de pause, elle nous procure un équilibre, nous remplit de bienveillance et de sérénité. Méditer est comme marcher, une exploration dans un mouvement.

Chapitre 15

Bien qu'il y ait une grande différence entre ces termes, la frontière entre eux mérite une exploration. La communion est comme une union, ou une union commune, avec Soi, quelque chose ou quelqu'un. Elle a cette différence avec le désir ou le plaisir qu'elle n'est pas le produit de la pensée, même si elle a besoin d'elle pour être expliquée, elle n'est pas elle. La communion se passe à un niveau différent car elle est, présent perçue dans le même espace que nos « *vibrations* », cette partie de nous qui nous est propre. La « *vibration* » nous est propre, singulière, personnelle, mais la communion semble partager cet état avec l'autre. Pour être simple, regardons une conversation dans laquelle deux amis(es) partagent une discussion sincère et très profonde, discussion sérieuse bien sûr. Ce partage de discussion atteint un point qui touche soudain, à comme une rencontre de deux êtres qui se trouvent sur la même note de résonance, en parfaite cohésion, compréhension. Ce point même s'il n'est pas commun à la base de la discussion, devient une lumière vue par les deux êtres en même temps. Comme voir la même étoile filante à deux, sauf qu'il est question ici de conscience et non de voir avec les yeux ou avec la pensée. La communion a différents aspects et différentes intensités, mais il y a comme intrication. La communion ne peut pas être une volonté initiée par la pensée. La pensée ne sait pas communier avec toutes choses, la nourriture que l'on mange, une beauté de la nature que l'on regarde, la méditation et etc.… car la pensée appelle le but, la routine, l'habitude et le protocole. Elle n'est pas un participant lorsque la communion se produit, c'est la conscience qui l'est. Elle n'a pas de futur, elle se vie. Là où commence le désir, lui succède l'attente pour l'atteinte du but. La communion existe déjà, là où elle a commencé et son futur n'est pas, ou bien s'il est, il ne peut être que nouvel instant présent augmenté de l'intelligence qui est née d'elle. Vous voyez la différence ? La méditation est aussi une communion avec Soi. Nous décidons de méditer, mais méditer n'est ensuite plus un acte dirigé. Alors dans cette décision libre de la méditation, nous comprenons que notre libre arbitre, ne joue pas que le rôle de l'art et la manière de déployer un acte sans choix. Il est aussi le mouvement de notre corps mental dans » la résonance du Soi incarné » et joue un rôle important dans cette relation à nous même. Nous allons nous rendre compte à quel point « *le serviteur* » peut nous aider dans sa reprogrammation à nous recaler, nous réaligner de manière automatique dans l'instant présent, en communion avec celui-ci. Pour l'observer, comprendre son mouvement et danser avec lui.

Au cœur de notre voyage intérieur proposé dans ce livre, nous comprenons que les comportements sont une affaire personnelle et que l'autre ou la société, ne sont que des moyens de pression pour voir ce qui en nous sera intégré dans notre essence profonde. Alors nous savons que nous pouvons exister en suivant le modèle sociétal du 21ème siècle, en profitant de l'existence, et en se frayant un passage qui nous apportera quelques plaisirs biens mérités, suite à l'acharnement et le combats pour la survie. Ou bien, nous comprenons que nous devons exister en étant inévitablement dans le modèle sociétal du 21ème siècle, mais cette fois, de participer à notre vie souvent complexe, dans un état d'esprit différent. Soit, d'explorer ce que nous sommes, libre de conditionnements, libre de dépendance, d'attachement, d'envie ou de plaisir, sans se punir ou se démunir de quoi que ce soit, mais grâce à notre capacité d'observation tournée vers l'intérieur de notre être. Le déploiement de notre vie intègre la partie propre et singulière du Soi, qui doit sans détour savoir ce qu'il doit faire et ce qu'il doit refuser. Et ceci est à cultiver de manière constante, jusqu'à notre dernier souffle. Nous avons abordé des sujets, qui lorsqu'ils sont étudiés de manière lucide et ouverts au discernement, construisent dans notre for intérieur un chemin.

Le feu dévorant et l'essence divine.

Nous avons révélé progressivement le vrai, la réalité, ce qu'est de vivre le « *vivant* ». Nous avons vu le faux, l'illusion de vivre ce qui est mort, pensée passées ou futures, actes préfabriqués sur des buts de conditionnements et de peurs, Image du Soi. Revenons maintenant sur les sens que l'humain possède, pour regarder plus profondément, un point majeur qui ne peut être apprécié qu'à un certain stade de compréhension. Il existe un feu dévorant et une essence divine dans tout ce que l'homme peut toucher avec ses sens dans la vie. C'est pourquoi nous devons voir le faux, pas pour le blâmer, mais pour ne plus en être. Cela veut dire que nous avons en nous cette capacité de nous tourner, d'accéder à la perception de cette essence pure des choses, à la manière dont la fleur se tourne vers le soleil, pour en capter la lumière qui va la faire se développer. Même si nos corps sont équipés des sens pour ressentir notre environnement et faire nos découvertes, a aucun moment ils ne nous indiquent de faire ceci ou cela, car c'est la pensée qui joue cette partie. Nous devons comprendre la pensée pour ne pas se brûler. Grâce aux sens, nous pouvons ressentir la vie qui procurent un bien indéfinissable. Les découvertes à la sensation sont merveilleuses pour notre être à se sentir bien jusqu'à l'euphorie même. Devant cette reliance sacrée que l'on peut établir avec notre partenaire, devant ce bébé que l'on serre dans ces bras pour la première fois. Devant ce paysage de montagne enneigé qui est à couper le souffle, ou ces oiseaux qui passent devant le couché de soleil.

« La Beauté » « D'un instant, d'un être, d'une chose, de la vie »

Cependant nous devons trouver la juste valeur à cet épanouissement des sens et en capter l'essence caché sans pour autant laisser le feu dévorant dépecer la beauté de ce qui était offert. Nous utilisons le mot *« Amour »* à tort et à travers confondant ou ne sachant discerner le vrai dans le faux, le faux dans le vrai, l'amour et la sexualité appauvrie par le seul but de l'orgasme et du besoin physiologique, l'amour et l'attachement qui est en fait possession, l'amour de la patrie qui tue pour elle et etc... Ne laissons pas tout ceci de côté, car il faut voir le faux qui nous dessèche. Il sera de manière unique à chacun de nous, d'intégrer cette perception subtile. Nous ne pouvons ici que la mentionner pour indiquer son existence et il reste à chacun de ressentir ce qui est du domaine de la communion dans toute parcelle de vécu. Le prodige de la vie est là, nous est offert pour que soit visible la nature même de l'existence. VOIR indique que chaque aspect doit être regardé dans le visible comme dans l'invisible, dans la mémoire comme dans sa négation, puis dans le sacré pour que se dégage sa substance. L'invisible étant décrit aussi bien comme la compréhension de ce qu'est l'illusion, que la compréhension de ce qui est vrai mais non visible matériellement. A ce niveau de regard, tout est utile à notre développement, la particule quantique, la cellule, la terre, le cosmos, le corps physique, l'ego, le serviteur, le mental bas, les cinq sens, le Soi latent, la résonance du Soi incarné, les corps subtils qui nous relient comme les couleurs d'un arc-en-ciel, le féminin et le masculin en nous et en couple lorsque cela est possible.

» La résonance du Soi incarné » doit augmenter notre espace intérieur, pour que le Soi se grandisse, de l'essence du contact créé par les sens. »

En résumé: La communion est un évènement que vie la conscience au-delà de la pensée, avec Soi-même, quelque chose ou quelqu'un ; comme une étoile filante vue en simultané. Le contact à la vie et qui se perçoit à travers les sens, est empreint d'une essence d'amour. Nous allons la ressentir proportionnellement à la diminution de la distorsion de la pensée, du conditionnement et également à notre capacité de tempérer le feu dévorant qui nous détruit.

Chapitre 16

> ᴖ *Le vent est fort, il y a presque tempête. Les oiseaux re-montent le courant, ils semblent aller vers une destination in-connue, certains semblent presque jouer avec les rafales. Les arbres sont secoués et l'on se demande s'ils ont peur de se faire arracher. D'autres vents forts ont eu lieu, et ses géants verts en-tendent toujours les oiseaux qui chanteront au premier rayon ou accalmie, comme si de rien n'avait été. Comme si aucune tempête n'avait eu lieu.*

L'homme parle et pense liberté comme un but à atteindre sur un chemin de réussite, il assimile cette réussite au plaisir.

Le détachement : Se détacher de quelque chose ou de quelqu'un, ne veux pas dire tout faire pour le perdre, car rien n'est à faire, ni à perdre. Il y a une différence entre ressentir de la joie pour un présent offert et être attaché à celui-ci, avoir peur de le perdre, ou vouloir le garder. La joie se ressent, l'envie d'avoir, de garder, ou la peur de perdre se pensent. Penser fait sortir de la joie qui existe en nous pendant que le temps lui, il s'écoule, comme des grains de sable qui passent, sans qu'on les voit, sans qu'on y pense. La joie elle, elle peut seulement être, sans s'écouler, sans se penser. C'est comme la différence entre vivre, et VIVRE, un est en minuscule, l'autre est en majuscule. Aucune différence ne semble exister entre les deux dans une diction, pourtant dans l'expérience on en perçoit toute la puissance.

Les pensées cherchent une place, une échappatoire à la scène, et le mental veut capturer ses lignes d'histoires. Mais l'histoire n'est pas l'instant qui se déroule. L'instant ne peut pas être enfermé dans quoi que ce soit. La joie ne se trouve pas dans l'histoire, elle se vie.

Histoire : L'histoire est un récit de ce qui s'est passé. Mais elle ne peut pas raconter la vérité absolue car elle est écrite par un observateur ou une poignée d'observateurs qui sont sous l'influence de leur vision superficielle des choses. Ils peuvent au mieux relater le résultat visible de ce qu'ils savent, qu'ils ont collecté avec la plus grande minutie et l'attention volontaire du bien faire. Mais il est quand même prudent de s'interroger sur la capacité humaine à connaitre le point ou les points d'origine. Alors le terme histoire, revient à celui de raconter des histoires. Il n'est qu'une distraction pour l'intellect.

Pourquoi laisser se produire un parasitage en arrière-plan de la scène que nous vivons ? C'est là une toute autre expérience, que de vivre nos obligations, nos activités, nos échanges et laisser notre regard au sein de l'énergie présente. Je vous le dis, tout ce qui nous entoure, y compris tout ce qui nous habite n'est qu'un instant qui devient mémoire dès qu'on l'a vécu. Le regard perçant de notre conscience présente, dépasse toutes les mémoires, tous les égrégores, tous les liens passés et futurs sont coupés, tranchés par l'instant VUE. La question qui doit être focalisé des centaines de fois par jour s'il le faut est : Suis-je là et « *vivant* » ? ou suis-je dans la mémoire et mort ?

« Si je suis là, « vivant », c'est que je regarde au bon endroit »

Un changement profond est une chose troublante, l'ensemble des éléments qui nous relient à notre propre existence sont devenus des éléments que l'on pourrait qualifier d'extérieur. Comme si chaque chose qui compose notre vie ressemblait à une amarre. Nous aurions autant d'amarres qu'il y a de choses dans notre vie. Et soudain, ce que nous sommes cède en quelque sorte et nous nous sommes laissés non pas dériver, mais libérer vers une étrange sensation d'inconnu. C'est en cela qu'il est troublant de renaître. La pensée est vide, mais la conscience à acquit de l'intelligence. Pourtant, nous avons beau être sur le chemin, il y aura toujours ce que l'on appelle une rechute. Elle n'est en fait qu'une étape supplémentaire à franchir. Même si cela donne une sensation de n'avoir rien compris, elle ne doit pas être interprétée comme un recul. Car encore une fois, avec le temps nous sommes plus à même d'en comprendre la profondeur.

La liberté harmonique ne doit pas être entendue comme une liberté que l'on se prend vis à vie des règles de la société, de quelqu'un ou de quelque chose. Bien au contraire, elle est un voyage intérieur qui a une influence sur notre état d'être, sur notre santé psychique et physique. Elle n'a pas de patron, ne connait pas les dogmes ou les gourous. Elle naît de la compréhension de Soi, de ce qui nous a construit en tant que socle, de ce que nous vivons dans l'instant présent. Elle est le prolongement d'une « *vibration* » qui s'éveille ou se réveille en nous, mais que nous appréhendons avec plus de foi en Soi, moins de confusion. Elle est en relation directe avec notre cœur. Elle est patience et compréhension, fermeté et bienveillance, observation, sincérité et libre arbitre, apprentissage et humilité.

      « *Elle est le chemin sans chemin.*

         « *Une voie magnifique.*

            « *Qui existe à travers «l'Amour»*

Le chemin

Chanson composée le 21-07-2018

Connais-tu ce chemin qui arpente la montagne,

Non ce n'est pas le plus large.

Il est vrai ce n'est pas non plus le plus facile,

Il y a aussi les arbres, il y a le vent dans leur feuillage,

Les oiseaux dans les nuages, le soleil sur leur plumage.

Écoute leur chant, il s'arrête après la première étoile,

Qui s'allume.

Demain ils reviendront,

Encore.

Regarde juste des poignées de seconde comme des grains de sable,

Qui s'écoulent sans qu'on les comptes, ni qu'on les voit, sans qu'on

y pense.

Alors le vois-tu ce chemin qui arpente la montagne,

Non il n'est pas balisé, pas plus indiqué, en vérité les gens l'on

oublié.

Alors il se cache,

   Et c'est à toi,

     Oui à toi,

       De le chercher.

Bibliographie

Quelques inspirations

Nassim Haramein : *Sa théorie de l'unification redéfinit ou complète les bases de la physique, de l'astrophysique, de la biologie etc. Elle relie la science des Anciens, et les dernières découvertes en physique des particules et la conscience humaine.*

Iain McGilchrist : *Psychiatre, écrivain et ancien universitaire littéraire d'Oxford. McGilchrist est devenu célèbre après la publication de son livre The Master and His Emissary, sous-titré The Divided Brain and the Making of the Western Worl.*

Jiddu Krishnamurti : *Né à Madanapalle le 12 mai 1895 et décédé à Ojai le 17 février 1986, est un homme d'origine indienne promoteur d'une éducation alternative.*

Mario Beauregard : *Post matérialiste, spécialiste canadien en neurobiologie né en 1962. Chercheur en neuroscience, agrégé du département de psychologie à l'Université de Montréal et titulaire d'un doctorat en neurobiologie.*

Eckhart Tolle : *De son vrai nom Ulrich Leonard Tolle, né le 16 février 1948 à Lünen, est un écrivain et conférencier canadien d'origine allemande, auteur des best-sellers Le Pouvoir du moment présent et Nouvelle Terre.*

Malory Malmasson : *Thérapeute en mémoires cellulaires, psycho-énergéticienne., Livre: Foufoune cosmique.*

Pierre Jovanovic : *Journaliste, Livre: Enquête sur l'existence des anges gardiens.*

Nicolas Fraisse : *Exemple de personne suivi par les scientifiques chercheurs Claude Charles Fourrier et Sylvie Déthiollaz sur les sorties hors du corps.*

Raymond Moody : *EMI, en anglais : Near Death Experience. Il a recueilli pendant plus de vingt ans des témoignages de personnes affirmant avoir vécu une expérience de mort imminente.*

Bruce Harold Lipton : *Biologiste américain du développement qui a soutenu la théorie selon laquelle l'expression des gènes pourrait être influencée par des facteurs environnementaux.*

Nous sommes pour la lumière,
ce que la goutte d'eau
est pour l'océan

Contacter l'auteur: phgazzera@gmail.com

ISBN : 978-2-9575321-0-0

pour le compte de Philippe GAZZERA - GARD

Dépôt légal : Novembre 2020